Agradecimentos

Adriana Pugliesi
Alfredo Diana
Ana Cecília de Magalhães Lins Lacerda
Augusto Panini
Bianca Bianco
Carlo Scaramella
Chiara Rimoldi
Cora Rónai
Costanza Pascolato
Eduardo Teixeira
Elisabeth Abduch
Flavia Dratovski
Fritz d'Orey
Gabriel F. Leonardos
Gabriella Diana
Helena Montanarini
Juliana Pinheiro Mota
Lilian Pacce
Lily Gabriella
Lourdes Catão
Luigi Sobrero
Maria Francisca de Orleans e Bragança
Maria Gabriela de Orleans e Bragança
Mauricio de Carvalho Teixeira
Miguel De Almeida
Olga Diana
Quitéria Chagas
Rafic Farah
Valeria Turrini
Walter Leite
Washington Olivetto

FRANCESCA ROMANA DIANA

Italiana de nascimento e brasileira por paixão, Francesca Romana Diana é designer de sua marca que é sinônimo de elegância. Inconfundíveis, suas criações encantam mulheres de todas as idades e são sucesso no Brasil e exterior. Hoje, carioca por opção, vive e cria na Cidade Maravilhosa. Em suas criações, mescla o mundo da moda com o da arte, consagrando parcerias de sucesso com grandes nomes como Oscar Niemeyer, Isabelle Tuchband, Lelli de Orleans e Bragança. Seu olhar sobre o Brasil é inspiração para joias que já viraram clássicos.

francescaromanadiana.com

tudo joia

DICAS PRECIOSAS DE

Francesca Romana Diana

texto

Francesca Romana Diana

e Chiara Rimoldi

Lazuli editora

direção editorial Miguel de Almeida
direção de arte Maria Francisca de Orleans e Bragança
edição Maurício de Carvalho Teixeira
ilustrações Werner Schulz
revisão e pesquisa Chiara Rimoldi e Valeria Turrini
diagramação Luis Eduardo Rocco Consolo
projeto gráfico Maria Francisca de Orleans e Bragança

Visite o nosso site:
www.lazuli.com.br
Acompanhe no:
facebook: /lazuli.editora
twitter: @lazulieditora

Dados Internacionais de Catalogação na Publicação (CIP)
(Câmara Brasileira do Livro, SP, Brasil)

Diana, Francesca Romana
Tudo joia : dicas preciosas sobre o mundo das joias / Francesca Romana Diana e Chiara Rimoldi.
São Paulo : Lazuli Editora, 2013.
ISBN 978-85-7865-072-8

1. Joalheria 2. Joias 3. Joias - Design 4. Moda - Estilo 5. Pedras preciosas I. Rimoldi, Chiara.
II. Título.

13-05833 CDD-391.7

Índices para catálogo sistemático:

1. Joias : Dicas preciosas 391.7

1ª edição – São Paulo – 2013

Lazuli Editora
Rua Patizal, 35 - Vila Madalena - São Paulo - Cep: 05433-040
Tel.: (011) 3729 6077

Ao meu querido filho Guglielmo

prefácio

DELICADAS LINHAS

Uma vez, durante uma viagem a Roma, um amigo nos convidou a visitar um casal de amigos seus. A memória me traz uma casa fantástica, uma companhia agradável e a filha adolescente dos anfitriões, que fazia colares muito bonitos. Passados uns poucos anos, essa mesma garota decidiu ir embora da Itália. Mudou-se para o Brasil e aqui recomeçou a vida, fazendo o que sempre havia feito: joias.

Sorte nossa. Apesar das raízes italianas, o trabalho de Francesca Romana Diana é alegre e ostensivamente brasileiro, repetindo nas delicadas linhas das joias as linhas das cidades, da natureza, do próprio chão em que pisamos. Seu caso de amor com o país se renova a cada coleção.

Tenho o prazer de ser sua amiga há muitos e muitos anos. Acompanho a sua história e sei como ama, também, os vários materiais que compõem as joias de hoje, da raríssima turmalina paraíba aos humildes disquinhos de plástico descartados durante o processo de embalagem de remédios, que ela transforma em objetos maravilhosos.

Mas, além de fazer joias, Francesca sabe usá-las como ninguém. Ela é uma daquelas pessoas naturalmente elegantes, que chamam a atenção mesmo de jeans e camiseta. No caso, sempre jeans, camiseta... e uma pulseira, um colar ou um anel. Porque ela compreendeu, desde sempre, a importância de um

brilho ou de uma cor especial para realçar a beleza de uma mulher.

É a intimidade constante com pedras e metais preciosos que está na base deste livro. Joias não têm segredos para a sua autora, que divide conosco o que aprendeu tão bem, do fator emocional embutido nas pedras aos melhores truques para limpá-las.

Como usar pérolas? O que fazer com joias antigas? Como guardar os nossos tesouros para que não se estraguem?

As respostas estão todas aqui.

Não poderíamos encontrar melhor parceira do que Francesca para nos conduzir por este mundo fascinante.

Cora Rónai

sumário

Cap. 1 – COMO CONSEGUIR A JOIA DOS SEUS SONHOS

Estratégias e dicas para conseguiras joias dos próprios sonhos. Entendendo a alma das joias e o valor afetivo da mulher com a sua joia. Sonhos possíveis, impossíveis e pesadelos. Inclui lista de joalheiros que marcaram para sempre o mundo das joias.

Cap. 2 – CAIXINHA DE JOIAS, Onde guardar seus tesouros

Joias básicas (O PRETINHO BÁSICO) e mais requintadas que uma mulher deveria ter (FUGINDO DO BASICO). A descoberta do próprio estilo, dica de combinação, reaproveitamento das joias, método para cuidar das joias, que joia se adapta a qual ocasião. Fotos e ilustrações vão ajudar as leitoras a montar os seus próprios cofrinhos de joias.

Cap. 3 – MITOS E CURIOSIDADES

Informações e histórias, antigas e recentes, que rodeiam a pérola, o coral, o âmbar e os cristais Swarovski. Inclui algumas lendas e o uso lúdico dos anéis no folclore brasileiro e celta.

Cap. 4 – HOMENS E JOIAS

Dicas, histórias e sugestões para acompanhar e auxiliar o homem no difícil momento de escolher uma joia para a mulher ou a filha. Inclui uma entrevista com o publicitário Washington Olivetto e lista selecionada de endereços.

Cap. 5 – MUSEUS E COLEÇÕES DE JOIAS

Os acervos de joias mais bonitos do mundo. Inclui, entre outros, Kremlin, Topkapi, Dresden, San Gennaro e as coleções mais cobiçadas do momento. Traz fotos, endereços, ilustrações e curiosidades.

Cap. 6 – PEDRAS BRASILEIRAS, Um luxo que é só nosso

As pedras brasileiras, com fotos e breve descrição das pedras mais bonitas e das raridades, mapeando o Brasil de um jeito diferente, através da sua riqueza mineral.

Cap. 7 – ONTEM, HOJE E AMANHÃ

Uma análise temporal das joias, incluindo um roteiro das melhores lojas vintage do mundo (Milão, Turim, Palm Beach, Nova York). Os melhores designers contemporâneos de joias e o futuro das joias, indicando os cursos profissionalizantes para se tornar um designer aclamado.

Este livro, um navegador confiável

A ideia de escrever um livro sobre joias me seduzia há algum tempo.
Foi depois de conhecer Chiara, uma antropóloga italiana e Miguel, um editor paulista, que me senti pronta para compartilhar meu conhecimento. Resolvi escrever um livro que fosse útil e informativo, mas também descontraído.
Longe de ser um evangelho da moda, esse guia engloba quase tudo o que eu sei sobre joias. É uma espécie de navegador confiável neste complexo labirinto estético repleto de surpresas e tropeços que é o mundo das joias. Afinal, somos seres curiosos e é absolutamente normal ter dúvida sobre o valor de uma pedra, o limite que separa o maxi do over ou, de maneira geral, a joia certa no momento certo.
Não nego que tenha sido difícil organizar meus pensamentos em um livro. Imagine uma Matriosca, a icônica boneca russa, com dezenas de bonecas guardadas uma dentro da outra. O processo de seleção do conteúdo foi parecido: uma série de assuntos concêntricos e concatenados, capítulos soltos e, ao mesmo tempo, parte integrante de uma única matriz.

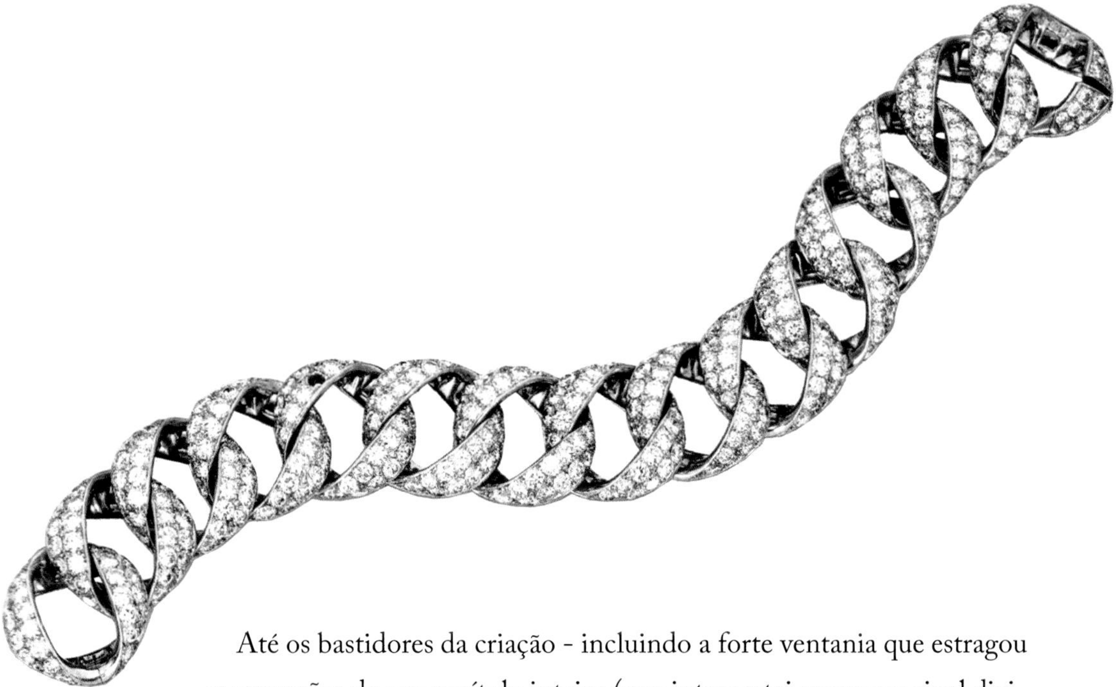

Até os bastidores da criação - incluindo a forte ventania que estragou as gravações de um capítulo inteiro (que interpretei como um sinal divino para tirá-lo de vez), a xícara de chá que caiu em cima da tela do computador e a versão final do livro que esqueci dentro de um carrinho de compras no mercado e encontrei meia hora depois, em estado convulsivo – merecem uma lembrança póstuma.

Este livro foi escrito em 40 fins de semanas e muitas noites insones (tirar um ano sabático para escrever um livro estava fora de questão), dando vida a uma voz narrativa que acordava cada dia mais clara, pungente e incisiva.

colar Bulgari

1

Como conseguir a joia dos seus sonhos

A última pessoa que me perguntou que joia eu desejava foi meu filho, ainda criança. Respondi que ele podia gastar seu primeiro salário em um anel de meteorito. Meses depois, em um museu de história natural, vimos um grande meteorito e meu filho raspou, escondido, um pedacinho da pedra espacial. Depois me avisou, baixinho, que não precisaria esperar o primeiro salário porque meu sonho já estava guardado em seu bolso.

Admito que, para as pessoas que trabalham no ramo das joias, satisfazer o próprio desejo é mais fácil. Mas há sonhos que até para mim, que trabalho com isso há quase 30 anos, são loucamente impossíveis e se tornam obsessões, como segurar uma Turmalina Paraíba – pedra que custa mais que um carro importado – ou uma esmeralda indiana do tamanho de uma noz.

GUIA DO COMPRADOR SATISFEITO

• É importantíssimo ter a assessoria de um joalheiro confiável e comprar em lojas que transmitam certa segurança, porque o sonho pode se tornar pesadelo. Imagine comprar uma joia numa viagem, acreditando que ela tenha grande valor, e descobrir em casa que não é nada daquilo. O valor de uma joia deve ser durável.

• Vale a pena se deixar levar pela emoção, além do valor. Escolha uma pedra de uma cor incrível.

• Não pare diante dos obstáculos. Se quiser um formato especial, um texto gravado, um desenho de determinado artista, um diamante negro, pesquise quem é especialista, corra atrás e compre o que você sonha. No Brasil temos grande facilidade em parcelar o pagamento, é possível ter uma peça maravilhosa pagando em 10x. Não deixe que o preço seja o determinante no momento da compra.

• Na época pré-histórica, 20 anos atrás, quando ainda não existia o parcelamento no cartão, minhas clientes preenchiam cinco ou seis cheques e escreviam no canhoto: 'geladeira', 'farmácia', 'manutenção'... Era uma geração mais antiga, refém de prestar contas das próprias despesas. Agora as mulheres são donas do próprio nariz, podem comprar com muito mais liberdade.

TÁTICAS

Uma vez determinado o sonho, como consegui-lo? É mais simples do que você imagina.

• Vai a Paris com o namorado ou o marido recém-casado (que ainda quer lhe agradar em tudo)? Ponha a joalheria no roteiro. Entre um museu e outro, inclua Place Vendôme e Rue de la Paix, o reduto mais 'brilhante' da cidade. Melhor ainda se a vendedora mostrar a joia na frente de seu marido e disser que aquela pedra nunca caiu tão bem em uma mulher.

• No período próximo a datas comemorativas, como Dia das Mães e dos Namorados, sempre distribuo pequenos catálogos com folhinhas soltas. As mães podem espalhar as folhas entre os filhos e as namoradas podem escolher a página com a joia preferida e deixar embaixo da xícara no café da manhã. Também pode-se colar no espelho do banheiro e escrever com batom frases do tipo "Faltam dez dias para nosso dia". Ou, ainda, aliar-se à sua joalheira de confiança e autorizá-la a enviar um torpedo para seu marido lembrando a data e sugerindo a compra. Temos que ser muito claras nesses momentos, porque pouquíssimos homens prestam atenção. Se você se casou com um desses seres em extinção, segure-o firme, porque nao vai encontrar outro.

• O velho ditado "A união faz a força" vale agora mais que nunca. Está chegando o dia do seu aniversário e não tem aquele marido ou namorado perfeito que vai lhe dar a joia dos seus sonhos? Pouco importa. Conte para sua melhor

amiga qual é a peça que lhe tira o sono. Ela vai movimentar todo mundo para fazer uma vaquinha e imortalizar a data. O presente de aniversário deve ser entregue sempre de manhã, assim a pessoa terá o dia todo para exibi-lo.

• Use as mídias sociais. Na véspera do aniversário, poste no próprio mural uma imagem da sua joia preferida dizendo: "Já pensaram no meu presente?"

XEQUE-MATE!

A vendedora de uma loja, em Genebra, me contou uma história fascinante sobre uma mulher que conseguiu dividir o custo de um anel entre o marido e o amante, sem que nenhum dos dois percebesse. Ela fez um acordo com a vendedora: iria duas vezes comprar o mesmo anel, acompanhada por homens diferentes, e a vendedora cobraria metade do valor a cada visita, alegando uma promoção imperdível. No primeiro dia, ela levaria o anel e devolveria poucas horas depois, para levá-lo de vez na visita seguinte, quando estivesse todo pago. Sinceramente, tiro o chapéu para essa diabólica Mata Hari, tão hábil em conseguir usar o anel com os dois homens sem levantar suspeita e ainda lhes dar a felicidade de presentear a mulher que amavam pagando a metade do preço.

anel David Yurman

Conversando na frente do mar, em um final de tarde,
a minha amiga **Cora** me contou essa história.

UMA GELADEIRA NO PESCOÇO

Tinha 28 anos e acabado de me mudar de volta para o Rio. Comprei uma geladeira velha, de segunda mão, que alguém já tinha jogado fora, amarrada, mal e porcamente, com um pedaço de barbante. Sempre trabalhei como jornalista e os salários nunca foram algo para comemorar, por isso demorei dois anos para juntar o dinheiro suficiente para comprar uma geladeira nova. Quando fui ao shopping, resolvi passar na frente da H. Stern antes de visitar a loja de eletrodomésticos e me apaixonei por algumas pérolas que vi na vitrine. Movida pelo impulso, comprei um colar de pérolas no lugar da geladeira. Passei mais um ano e pouco com uma geladeira podre, insuportável, que dava defeito todas as semanas. Isso pouco importava, porque gostava tanto daquele colar que, até de noite, dormia segurando-o na mão. O meu namorado chegou até me questionar sobre esse hábito e eu respondia que era infinitamente melhor que segurar uma geladeira. Nem preciso dizer que, por quase vinte anos, esse colar não desgrudou de mim, até que um dia, antes de viajar, ele quebrou e o coloquei na bolsa. No dia seguinte cheguei em Roma e fui almoçar na Piazza Navona, um motoqueiro levou a minha bolsa, junto com o colar. Fiquei muito chateada na época, agora já penso de forma diferente, aceito a transitoriedade das coisas e não me prendo mais aos bens materiais de uma forma tão doentia, mas nunca amei uma joia tanto como aquele colar.

SONHOS POSSÍVEIS

TIFFANY

O grande legado da Tiffany é ter popularizado o acesso às joias. Já há 30 anos, quem comprava nas lojas da Tiffany tinha o endereço anotado e passava a receber um catálogo a cada nova coleção. Sempre foram inovadores nesse sentido. Vários designers trabalharam para a Tiffany, mas somente quatro mudaram o nosso conceito de usar joias:

• **Paloma Picasso**, por ser uma mulher notável e ter uma produção artística digna do nome que carrega. Ao contrário do que se pensa, um sobrenome de peso pode abrir algumas portas, mas não chega a garantir o sucesso. Ela foi a pioneira das joias coloridas para o grande público. Muito corajosa, arriscou no uso de pedras grandes, berrantes – como rubelita, turmalina, água marinha - e privilegiou o design limpo, liso. Qualquer criação que tenha saído do gênio de Paloma Picasso (aconselho os anéis e as gargantilhas, ponto forte dela) dá um upgrade instantâneo no seu look.

• **Frank Gehry**, por cultuar as linhas puras da arquitetura Bauhaus e ter conseguido aplicá-las nas joias. É um artista que transita no mundo das formas. É dele a famosa pulseira que não chega a ser redonda nem quadrada. Sinceramente, eu gostaria de ter inventado isso.

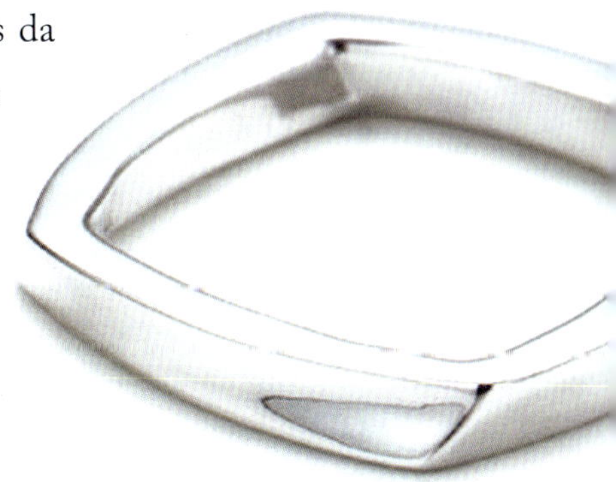

• **Elsa Peretti,** por ter criado duas peças icônicas: o famoso pingente na forma de coração vazado e a pulseira que decalca o formato ósseo. O mundo inteiro reconhece instantaneamente o trabalho dela, tem um DNA marcante.

Esse coração foi o primeiro presente que recebi de um namorado. Ele acabou se casando com outra, mas guardo o pingente até hoje.

• **Jean Schlumberger,** por sua ousada genialidade ao colocar um passarinho em cima de um diamante amarelo de proporções astronômicas. Para nossa sorte, ele repetiu o experimento com pedras mais econômicas.

tiffany.com

"Não é o dedo divino que traz a inspiração para criar. É a persistência e a consistência."

Charles Watson

KENNETH JAY LANE

É o criador da bijuteria de luxo. Desenhou para Coco Chanel. Suas joias são declaradamente falsas, ou faux-bulous, como ironizam os americanos. As pedras são vidros e não aspiram a ser verdadeiras. É a síntese de Palm Beach, em Miami: divertida e ousada. Seu trabalho se baseia tanto na criação quanto na cópia de joias antigas e art déco. Almocei com ele uma vez em Nova York, antes de embarcar para a Índia. Quando soube da minha viagem, ele escreveu em um guardanapo uma mensagem para um amigo, pedindo que cuidasse de mim. Ao chegar à Índia, descobri que o destinatário era ninguém menos que o Marajá de Jaipur.

kennethjaylane.net

DIEGO PERCOSSI PAPI

É ainda quase desconhecido no Brasil, por isso aconselho visitar seu ateliê em Roma. É um lugar mágico, uma cápsula temporal toda coberta de hera. Por ser o lugar onde Percossi Papi cria, não é incomum encontrá-lo pessoalmente. Vale a pena destacar uma coleção inspirada nos baralhos napolitanos e as miniaturas feitas com pérolas minúsculas, que lembram as antigas joias russas. Além do quartel-general em Roma, é possível encontrar seu trabalho em Capri, em Milão ou no chiquérrimo site de compras luisaviaroma.com

percossipapi.com

ANTONIO BERNARDO

Faz joias leves, de ouro acetinado, com formas orgânicas. Tem ótimo custo-benefício, com vários pontos de vendas no Brasil.

antoniobernardo.com.br

DIOR

Victoire de Castellane, a última descoberta da Dior, é a rainha do movimento. Existe uma série limitada de 24 anéis inspirados nas plantas carnívoras. Os anéis podem ser fechados, abertos ou entreabertos, revelando pedras e esmaltes diferentes a cada posição. Ela também faz joias mais acessíveis, como anéis com buquezinhos de flores e broches com pedras coloridas.

dior.com

DODO

A Dodo, linha mais despretensiosa da famosa grife Pomellato, se destacou por ter criado o conceito de joia modular, com peças interativas que podem ser compradas separadamente. São pequenos pingentes em forma de animais, colocados em lacinhos ou correntinhas. Viraram febre na Itália: foi vendido, em média, um pingente por italiano.

dodo.it

PANDORA

A dinamarquesa Pandora foi outra grife que também apostou nas joias modulares, inventando uma rodela em que você enfia em uma pulseirinha rabo de rato e monta sua própria joia. As rodelas são divertidas, algumas têm flores, outras vêm com mensagens, usando materiais diferentes. Ficou tão famosa que chegou a ser cotada em bolsa com um preço inacreditável.

pandora.net

FULCO DI VERDURA

Morreu há 20 anos, mas seu trabalho ainda é pulsante. Entendi seu percurso artístico quando entrei no palácio do Duque di Verdura, em Palermo, e reparei no piso de terracota pintada com festões de frutas. Aquelas lembranças de infância devem tê-lo acompanhado a vida inteira. Ele trouxe a opulência e os fortes contrastes da Sicília aristocrática para Hollywood. Sempre foi um artista corajoso e excêntrico, que excedia nas combinações arriscadas e tinha lampejos de gênio, como aquele broche recheado de pedra e embrulhado com um laço dourado que o mundo inteiro tentou copiar.

verdura.com

SONHOS QUASE IMPOSSÍVEIS

Quase todos os joalheiros democratizaram sua produção para alcançar um público maior, então o sonho impossível se refere mais ao tipo de pedra que aos designers, que hoje trabalham tanto com os preciosos quanto com os semipreciosos.

TURMALINA PARAÍBA

Rainha dos preciosos, tem um custo altíssimo, o que a torna proibitiva para os meros mortais. Mas milagres acontecem todos os dias, quem sabe você não ganha na loteria e vem a ter 50 mil dólares sobrando? Encontrei o melhor custo-benefício na compra dessa preciosidade na Itakolor, em São Paulo. A pedra é vendida solta: escolha um joalheiro à altura da tarefa.

Itakolor
Avenida São Luís 32, República, São Paulo
(55 11) 3258-3379

DIAMANTE COLORIDO

Pode chegar a custar mais de 500 mil dólares. É como carregar um apartamento no dedo... Entre os joalheiros, Graff é, sem dúvida, o mestre dos diamantes, especialmente aqueles de grande porte. Outra opção é escolher nos catálogos Magnificient Jewelry, que reúnem a nata dos leilões Christie's e Sotheby's.

graffdiamonds.com

JAR (Joel Arthur Rosenthal)

O designer é uma figura misteriosa cercada por histórias curiosas. Diz-se que ele produz apenas 50 joias por ano e que escolhe a dedo os clientes – sim, você leu certo, ele reserva-se o direito de filtrar seus clientes e, acredite, a escolha não é proporcional à conta bancária. Suas criações são divinas e vão contra todas as tendências. Não perca tempo procurando o site dele na internet, JAR é um produto exclusivo demais para as ferramentas de busca.

By appointment only | jar.paris@wanadoo.fr

PESADELO

Há produtos feitos em alguns países, conhecidos pela sua baixa qualidade, que são um pesadelo para o comprador consciente. São lugares que não valorizam o próprio produto, boicotando pesquisas estéticas, desrespeitando direitos trabalhistas e poluindo o meio ambiente. Bugigangas sem classe são vendidas a preços muito baixos, com consequências nocivas aos profissionais sérios da área. Os tesouros dos pequenos laboratórios artesanais estão sendo substituídos por produtos massificados e medíocres. As pedras são compradas no Brasil e misturadas com metais que podem causar alergia e fazer mal à saúde, com prazo de validade tão curto quanto a vida de uma borboleta. Temos que desconfiar dos achados impossíveis: é o barato que sai caro. Devemos nos enfeitar com peças que foram feitas com amor e respeito.

Lily Gabriella é uma jovem designer de joias, baseada em Mônaco. Herdou da avó, Lily Safra, a paixão por joias e pedras preciosas. No universo das novas gerações de designers, a cobiçada Lily Gabriella destaca-se tanto pela altíssima qualidade de suas criações quanto por seu envolvimento social.

LILY GABRIELLA

Como nasceu sua paixão pelas joias, é uma herança de família?

Não me lembro de algum acontecimento específico que tenha me transformado numa designer de joias, foi um processo natural. Tive muita sorte de nascer em uma família com um gosto impecável para joias, arte e antiguidades. Desde pequena olhava maravilhada as joias vestidas pela minha mãe e pela minha avó. Em ocasiões especiais, elas me deixavam entrar na "Caverna de Ali Babá", o cofre, e eu ficava horas olhando cada peça. Lembro-me de uma antiga tiara russa cheia de pedras preciosas que, às vezes, eu usava dentro de casa para brincar de princesa.

Qual é a sua maior fonte de inspiração?

Quando entrei no mundo do design de joias, meus maiores dilemas eram se joias não seriam nada mais que uma representação do luxo e o que eu tinha para oferecer de novo nesse universo. Quis me aproximar de maneira diferente das joias e do mercado de luxo. Afinal, joia não é uma primeira necessidade, o verdadeiro luxo para grande parte da população mundial é comida, água, um teto e um sistema de saúde adequado. Resolvi que minhas joias teriam um significado a mais e o chamei de "compra consciente": um percentual de cada joia é destinado a um fundo de caridade escolhido pelo próprio cliente. Essa é minha grande inspiração: criar luxo, sim, mas para uma causa bem maior que a simples vaidade.

Como foi sua formação profissional? Algum curso ou mestre que tenha ajudado na sua formação?

A minha escola começou dentro de casa. Desde pequena, vivi cercada por pessoas altamente inspiradoras, que me ensinaram muitas coisas. É difícil escolher uma pessoa em particular. Sem dúvida devo muito à minha mãe e à minha avó, que continuam sendo minhas referências de elegância.

Eu tive a sorte de ter alguns mentores extraordinários, como Huber de Givenchy, para quem criei uma coleção de traje de banho quando tinha apenas 9 anos de idade; Alber Elbaz, o designer da casa Lanvin, onde fiz um aprendizado de alguns meses; e Joel Rosenthal (JAR), um verdadeiro gênio e, na minha opinião, o melhor de todos os joalheiros.

Estudei Belas Artes na universidade, trabalhei para a revista Vogue e depois fui para Nova York, onde estudei gemologia. Mudei para Genebra e comecei trabalhando para Christie's, até que resolvi me dedicar à minha própria marca.

Quais são os conselhos para alguém que aspira ser um designer de joias?

Tenha dedicação, paixão e perseverança. Seja conectado ao ambiente onde mora, curioso, inovador e lembre que as oportunidades vão aparecer quando menos se espera.

Escolha cinco joalheiros que capturaram sua atenção.

JAR, Joel Rosenthal: É um verdadeiro detalhista, pode demorar anos para finalizar uma peça, desde o esqueleto da joia, praticamente invisível, até a escolha das gemas. Tudo o que ele faz é simplesmente perfeito.

James de Givenchy: Ele deve ter herdado o gosto impecável do tio, Hubert de Givenchy. Suas criações são inovadoras, requintadas e elegantes. Ele gosta de surpreender o cliente com a mistura de materiais inusitados.

Muriel Grateau: Ela está um passo à frente de todo mundo, por isso a considero importantíssima. Adoro visitar sua loja em Paris, sabendo que vou achar o inesperado. Ela não se preocupa com as tendências, é uma artista em estado puro.

Viren Bhagat: Só pode ser comparado a JAR pela qualidade das pedras usadas e o design delicado. Ele introduziu elementos contemporâneos ao tradicional design Mogul, criando uma vertente moderna das joias indianas.

Suzanne Belperron: Foi uma mulher inovadora para sua época, criando peças com formas inusitadas. Suas joias são atuais até hoje.

Você tem fama de globetrotter. Viajar constantemente ajuda o seu processo criativo?

Viagem é sinônimo de aprendizado. Desde pequena, tive a oportunidade de viver e viajar ao redor do mundo, isso foi um componente essencial para minha formação como pessoa. Viajar é uma grande fonte de inspiração, encontrar novas pessoas, descobrir lugares, colecionar memórias e adquirir novos valores. Sempre me fascino com um novo aspecto de um lugar, seja na minha primeira visita ou na vigésima. Você captura um momento preciso e, quando volta, é uma experiência totalmente diferente. É como ver o pôr do sol do mesmo lugar, cada dia muda.

Costuma usar pedras brasileiras nas suas peças?

Claro que sim, as pedras brasileiras são simplesmente divinas. Trabalho muito com ametista, granada, turmalina, prásio, citrina e diferentes tipos de quartzo originários de Minas Gerais.

Qual é a sua visão sobre o futuro das joias?

Como jovem designer, devo admitir que o futuro das joias é um pouco vazio. À exceção de alguns designers independentes, a globalização desviou o foco do trabalho artesanal de qualidade e muitas pequenas joalherias estão sendo compradas por grandes grupos que só pensam em alimentar a marca e atingir o público alvo.

É uma pena que a indústria só fique focada nas vendas e não se importe com a história que a joia carrega. Por isso as minhas criações são feitas em número limitado e por profissionais que cuidam com atenção da peça desde o molde de cera até o produto final. Acredito que os clientes deveriam procurar exclusividade, diversidade e qualidade. Minha marca foi criada com a ideia de que o cliente é parte de um clube privado que investe em atividades filantrópicas.

2

Caixinha de joias

Sempre tento me lembrar da minha infância com lucidez, porque o subconsciente é uma peneira temporal que romantiza o que já passou, com tons nostálgicos. Gosto que meu pensamento seja mais objetivo, assim o passado pode virar um precioso aliado.

Tenho certeza de que hoje sentiria a mesma alegria ao abrir a caixinha de joias que tinha quando criança. Pena nunca ter encontrado nada igual àquele pequeno e sofisticado baú vermelho de couro brilhante, uma das primeiras armas nas épicas batalhas de construção do próprio estilo.

A caixinha de joias de um adulto tende a ser maior, pelo tamanho das joias e da nossa vaidade, proporcional à idade. Somos, sem dúvida, seres ornamentais. Eu guardo minhas joias numa cômoda, é prático porque não preciso me abaixar para procurar o que quero. O ideal é organizar por conjuntos e deixar as joias guardadas nas caixinhas do próprio fabricante ou em bandejas forradas.

Outra opção seria usar uma caixa de acrílico transparente, para visualizar as joias antes de abrir. Mas as pedras verdadeiras não gostam de luz natural direta. Elas podem sofrer mudança na cor, já que seu habitat natural é a escuridão da terra. O banho de ouro também tende a oxidar mais facilmente em exposição

constante à luz. Aconselho uma grande caixa forrada de camurça ou veludo, para evitar que as joias se arranhem. E deve ser bonita, para lembrar logo seu conteúdo.

COMO ESCOLHER

• Tenha uma caixinha de joias do tamanho dos seus desejos.

• Ela pode lembrar uma viagem ou uma grande amizade. É um objeto que vai falar de você durante anos, por isso torna-se um presente perfeito para uma amiga querida.

• Deve dar prazer ao olhar e, ao mesmo tempo, ser funcional.

• Não pode ser muito pequena, porque as joias devem ficar retas, deitadas e protegidas.

SIGA SEU ESTILO

ÉTNICA

Caixa de artesanato indiano de madeira de sândalo – que, além de bonita, tem um cheiro agradável – ou mistura de prata e madeira típica do Irã e da Caxemira.

Objetos desse tipo são um achado, mais que uma busca. Eles capturam o olhar de longe. Lojas indianas e balinesas escondem acervos enormes, mas conceptstores como a Le Lis Blanc também apostam em artesanato oriental de alta qualidade. Há pouco tempo vi uma caixa de mosaico de madrepérola, feita nas Filipinas, de tirar o fôlego.

Fique de olho porque, às vezes, suas joalherias preferidas produzem edições limitadas de caixinhas. Eu, por exemplo, fiz 40 exemplares de um modelo com pinturas da artista e princesa Lelli de Orleans e Bragança.

CLÁSSICA

A maioria das joalherias vende caixinhas de couro ou revestidas de veludo, com um espelhinho embaixo da tampa. Se não tiver o espelho, você mesmo pode colocá-lo, porque é muito útil no momento de vestir um brinco. Personalize sua caixinha gravando seu nome ou suas iniciais no espelhinho.
Há dois anos Ralph Lauren fez uma edição limitada do Delaine Jewelry Box, uma caixinha em platina e cristais de incrível elegância.

VIAJANTE

Se você viaja muito, aconselho levar as joias dentro de uma bolsa de noite. Quando chegar, guarde as joias numa gaveta e use a bolsa. Outra opção muito prática são os estojos de camurça vendidos em todos os aeroportos: as joias ficam seguras e não há risco de esquecê-las saindo depressa do hotel.

O PRETINHO BÁSICO

Ser desprevenida é um luxo que ninguém pode se permitir. Digamos que o mundo acabe e seu limite de bagagem não passe de uma mala de mão. É preciso saber escolher o básico em termos de joias. O que não pode ficar para trás é o seguinte:

BRINCOS

Iluminam instantaneamente o rosto e o deixam mais leve. O brinco não pode pesar mais de dez gramas, para não incomodar. Se ainda não tiver furo na orelha, faça-o, porque não vale a pena investir em brincos de pressão. São pouco práticos e fáceis de perder.

Pedra

Pode-se escolher todo tipo de pedras brasileiras, da ametista ao diamante, com preços que variam do valor de um biquíni até o de um apartamento. O *ton sur ton* sempre funciona. Peles claras combinam com cores claras e brilhos. Água marinha não ressalta bem em um contraste muito forte, por isso quem tem pele escura deve evitá-la. Coral e turquesa casam com qualquer tipo de pele.

Movimento

Um *upgrade* instantâneo. Você sai do escritório, põe um brinco com movimento e o visual muda na hora. Pode ser grande e vistoso.

Argola

Não sai de moda nunca. Homens e mulheres já usavam argolas na Antiguidade e eram tão pesadas (mais de 30 gramas) que tinham que ser penduradas em cima da orelha. São fáceis de encontrar em qualquer lugar do mundo. Se você viajou com pressa e não teve tempo de levar um brinco, desde o quiosque de souvenir até as grandes joalherias terão uma argola que caia bem no seu rosto. Pode ser grande, trabalhada, com diamantes, com uma inscrição, com um pingente, tudo vale na argola.

ANEL

Como boa italiana, falo com as mãos e me sinto totalmente nua sem anel. Sempre uso anéis grandes, até porque os anéis aumentaram de tamanho. Aos 20 anos eu já achava que vestia anéis grandes, mas não eram nada em comparação com as joias de hoje.

Um anel com pedra – seja água-marinha, diamante, topázio ou até coral – é fundamental na produção do próprio estilo. Se tiver que optar por comprar um único anel, tente escolher algo que a natureza demorou milhares de anos para criar, o que é, por si só, precioso. Mesmo um anel de quartzo citrino, que custa tanto quanto um biquíni, é uma peça única, lapidada a mão.

Adoro usar dois anéis iguais. Escolho o mesmo formato e coloco um branco e um preto ou uma turquesa e um coral, um em cada mão. E sempre carrego no dedinho um anel da minha família. Quando era casada, usava sempre aliança, o que não é muito comum no Brasil, especialmente entre os homens. A maioria que conheço não costuma usar essa simbologia em tempo integral. Aliás, o que não falta é marido que vive perdendo aliança.

Evite usar anéis durante a natação, porque o dedo encolhe um pouco na água e o anel fica pesado. Há sério risco de perdê-lo.

Um teste para saber se um anel de pavê (aquele com vários diamantes incrustados) não vai se tornar seu pior inimigo é, no momento da compra, passá-lo sobre uma meia de nylon. Se ele desfiar a meia, você não deveria comprá-lo, porque vai dar problema – toda hora vai prender no cabelo, na roupa e no fio da sua blusa de seda preferida.

Cocktail rings (ou anéis para festa)

São geralmente grandes e com uma pedra importante (água-marinha, ametista, quartzo rutilado, entre outras). Também podem ser anéis com movimento. Mas anéis desse tipo são arriscados, porque acabam estragando meias e tecidos delicados.

Noite

Pode ser de diamantes (vários incrustados ou uma única pedra), pérola com diamantes ou uma drusa. O importante é que brilhe. Não é raro encontrar anéis de diamantes com ouro branco, uma grande sacada do joalheiro italiano Damiani para tornar o diamante uma pedra também diurna.

anel Lily Gabriella

PULSEIRA

As pulseiras são importantíssimas. Funcionam em dupla, uma em cada braço, e devem ser parecidas. Homens e mulheres têm gostos diferentes quando o assunto é pulseira. O sexo feminino gosta de pulseira grande, vistosa, colorida, que não passe despercebida. Já o homem se assusta diante de uma mulher com muitas pulseiras. Já os ouvi dizer: "Isso não é uma pulseira, é uma arma". Parece que uma mulher de pulso forte dá medo. Por isso tive que inventar modelos pequenos, de pedrinhas com metal em volta, ou pulseiras fininhas. Mas as mulheres tendem a botar dez de uma vez, então, mesmo sendo leves, acabam tendo um efeito impactante.

Pulseiras são joias maravilhosas, perfeitas para um país como o Brasil, onde os braços ficam à mostra quase o ano inteiro. Pulseiras são divertidas, charmosas, sensuais. Podem-se colocar várias e sempre há espaço para mais uma. As últimas tendências convidam ao exagero. Na caixinha de joias básica, quanto mais pulseiras, melhor. Não seja tímida, vá colocando e seja poderosa nos dois braços.

COLAR

Ponto de Luz

É, na verdade, um ponto de força, por isso deve ser uma pedra que lhe dê alegria ao olhar. Escolha entre as muitas pedras brasileiras e use com uma corrente de prata ou banhada a ouro.

Pérola

Síntese da perfeição e da elegância. Nada é mais tranquilizador que um colar de pérola. Você está pronta para tudo, seja uma entrevista de trabalho ou um almoço com uma amiga. A pérola, hoje em dia, cabe em qualquer orçamento e, se não for de plástico, dura a vida inteira, não estraga nunca. Pode passar de geração em geração. Desde a lendária rainha egípcia Cleópatra, que bebia pérola derretida como elixir de beleza, até as mulheres da família real russa Romanov, que usavam 10, 15 fios em dégradé. A pérola nunca saiu de moda.

Maxicolar

Pode ser substituído também por uma longa corrente colorida, de prata ou de couro. Um maxicolar é uma joia trabalhosa, impactante. É preciso saber carregá-lo, não é para todo mundo.

FUGINDO DO BÁSICO

O ponto de partida de um upgrade na caixinha de joias é um colar de quatro ou cinco fios de coral, com um fecho em destaque de pedra brasileira, diamante ou ônix em estilo art déco. Por ser um elemento marinho, o coral é precioso e sua cor vermelha é passional, captura os olhares. De todas as pedras, é a mais democrática: combina com todo mundo, está ao alcance de qualquer bolso e tem versatilidade. Pode ser usada com prata, ouro e turquesa. Nós, italianos, temos um fraco pelo coral com turquesa, é uma das combinações que dão mais certo no mundo das joias. Não opte pelo falso, porque turquesa falsa nem de longe se parece com a pedra real.

A medida certa para um colar é 90cm, porque ele se transforma em uma peça multiuso de acordo com a ocasião. Você pode dar duas voltas e transformá-lo em um colar curto ou deixá-lo na sua extensão, colocando o fecho à vista para dar um charme maior. Sempre estudo meu fecho para ser deixado de lado, à mostra. Geralmente é um fecho maior que o colar.

As **joias de esmalte** são coloridas, alegres. Outras podem usar barbante, pluma, pet reciclado, acrílico, galalite, plástico, madrepérola, miçanga... O leque de criatividade é imenso. Muitos designers estão trabalhando com joias coloridas. Diane von Furstenberg fez uma coleção de pulseiras com fios elétricos coloridos da África, criando joias que, além de contar uma história, carregam uma preocupação ecológica e social. Inspirada pelo trabalho de Vik Muniz, criei colares a partir de sobras de embalagens para remédios da empresa Vulcan e restos de garrafa PET. Quem comprou, além de se sentir bonita, sentiu-se ecologicamente engajada.

As **biojoias**, feitas com miçangas e sementes, podem ser étnicas e chiques. A jarina, por exemplo, é uma palmeira nativa da América do Sul e Central conhecida como marfim vegetal, devido à cor e à consistência idênticas ao marfim. Se usada com madeira e semente numa joia, tem visual étnico. Já com rodelas de

brilhantes, vira puro glamour. A apresentadora de TV Lilian Pacce, para minha surpresa, apareceu numa festa chiquérrima em Paris usando um colar de jarina facetada e pedras brasileiras.

As **joias vintage** têm um grande problema: viciam! Levar uma única peça é praticamente impossível, o instinto é comprar compulsivamente. Circular pelas butiques da Via del Babbuino, em Roma, mergulhar em apneia nos catálogos da Christie's e Sotheby's ou babar na vitrine de Fred Leighton na Madison Avenue são somente algumas dicas para seguir um roteiro vintage sem sair de mãos abanando.

> *"A vida é curta demais para ficar no básico"*
>
> Maria Fusco

A joia vintage tem história, personalidade, é única e sem preocupação com a moda do momento. Para ter chegado ao mercado vintage, é uma das melhores peças da sua época, simplesmente porque as coisas mal feitas não chegam ao antiquário. Ela deve ter alguma coisa que a destaque – uma pedra, um trabalho manual incrível, uma leveza de ouro. Se durou 50, 60 anos, é uma joia feita com muito cuidado. Às vezes carrega pequenas mensagens, nomes das pessoas que a usaram, datas, pedrinhas em lugares estratégicos.

Se alguém me dissesse que eu poderia comprar tudo o que quisesse em uma única loja, correria para uma loja de joias vintage. Sei que ali encontraria todas as pedras que desejo, todos os brincos, pulseiras, anéis, relógios. As joias vintage são divertidas, levam pedras incríveis, água marinhas do tamanho

de uma noz, topázio, galalite com brilhantes, coral com ônix, jade. As joias vintage de jade são muito bonitas, lembram uma época em que o Oriente se preocupava com estética e qualidade.

As **joias étnicas** devem ser compradas nos lugares de origem e marcar o instante. Não faz sentido comprar um colar de turquesa e plumas de uma reserva indígena dos Estados Unidos em São Paulo. É importante não se deixar levar pela excitação do momento. Compre imaginando que aquela peça deve combinar com seu dia a dia, ou você nunca vai poder usá-la.

Não compre algo extravagante demais, escolha o étnico bem feito. Joias de plumas são bonitas, mas pouco práticas, não podem ser guardadas na mala. As joias de sementes podem ser atingidas por pragas e estragar. Aconselho comprar as que vêm com o certificado de tratamento da semente.

Turquia, Índia, Arábia Saudita e Egito têm joias deslumbrantes, impossível resistir. Vale o velho ditado: melhor fazer e se arrepender depois do que se arrepender de não ter feito. Nada pior que voltar de uma viagem sonhando com aquele anel de turquesa baratíssimo do Vale do Nilo ou aquela caixinha trabalhada a mão de Murad Khan, na velha Cabul.

JOIAS E BIOTIPOS

Pessoas pequenas fogem das maxijoias, mas a primeira joia grande que eu vi – um brinco de esmeralda enorme, com muito movimento – era usada por uma amiga do tipo mignon, que mal chegava à altura do meu ombro. O comprimento do cabelo e o formato do rosto são mais determinantes que a altura. Para quem tem cabelo muito curto, geralmente fica melhor um brinco pequeno, agarrado à orelha ou argola.

O maxicolar também não é exclusividade das mulheres altíssimas, tipo Watusi. Pode ser usado por qualquer tipo de mulher. Temos exemplos de grandes mulheres, não tão altas, que usam acessórios poderosos, como nossa querida Costanza Pascolato.

Hoje em dia vale tudo: não existe hora do dia, idade, estação do ano. As joias circulam livres, sem restrições. Eu já fiz joias que misturam coral e brilho adequadas tanto ao dia quanto à noite, ao verão e ao inverno. O que vale é o que fica bem em você, lhe passa segurança e a deixa feliz.

PARES PERFEITOS

Übermodel

Se você tem a pele muito clara, cabelo loiro ou castanho claro e, provavelmente, alguma ascendência alemã, as pedras que mais combinam com você são quartzo rosa, ametista clara, diamantes, pérola, ouro, prata, coral e turquesa.

Pocahontas

Se você é de uma ilha genética banhada pelo Mar Mediterrâneo e o Rio Amazonas, além das pedras já mencionadas pode usar pedras verdes, ametista escura, rubi e granada.

Vênus Negra

Se você é uma deusa grega com berço na África, use cores mais fortes, que não desapareçam na sua pele. Aconselho coral, turquesa, pérola cinza ou dourada, muito metal com brilho, diamantes, algo que se destaque da pele.

ESCOLHA

A combinação ideal depende muito do lugar aonde você vai. Praia, por exemplo, é um lugar não recomendado para joias. É muito arriscado, podem ser perdidas na areia ou no mar. Não que isso iniba minimamente a maioria das mulheres brasileiras... Só aconselho usar joias que não oxidem com a maresia. As minhas joias não gostam de praia, estragam rapidamente.

É sempre bom combinar algumas peças, mas não precisa ser tudo da mesma linha. O que vale é o discurso, as joias devem falar entre si. Não precisa ser a mesma pedra, o mesmo metal, mas devem ter uma harmonia.

COMBINAÇÃO IDEAL

um par de brincos grandes, pulseiras e anéis

OU

um par de brincos pequenos, um colar médio /grande, pulseiras e anéis.

Quem não se sentir confortável com uma joia não deve usá-la. As maxijoias só devem ser vestidas por alegria, não por circunstância. Às vezes vejo mulheres vestidas mais em função da ocasião que do próprio estilo. Isso é muito triste, acabam virando um cabide, o resultado é estático. A pessoa não consegue carregar as joias porque, na verdade, não gosta daquilo. É muito mais importante usar o que você curte do que as joias que considera apropriadas para determinada ocasião.

Se ainda não descobriu que joias combinam com seu estilo, experimente todas. Entre nas lojas ou joalherias e peça para colocar vários conjuntos.

O espelho é seu maior aliado, a descoberta do seu estilo é o reflexo que mais encanta.

Antes de sair de casa, olhe-se no espelho. Se o resultado for muito over, tire uma peça. Se ainda sobrou espaço, coloque mais uma. É muito mais importante o seu olhar que se comparar a uma referência. Não tente parecer a mulher da revista, nunca dá certo.

A joia é mais lúdica que uma roupa.
Acorde pensando nas joias e depois se vista.

ESTILO PRÓPRIO: ERROS E ACERTOS

• Na dúvida, é sempre melhor segurar aquele instinto incontrolável de torrar o cartão de crédito. Se você comprou a joia errada, desfaça-se dela: dê para uma amiga, troque com outra, desmanche em uma nova. Só não a deixe em uma cômoda para o resto da vida, é uma pena.

• O próprio estilo muda com o tempo. A distância entre seu estilo aos 20 e aos 30 anos é de milhares de anos-luz. Crescendo se adquire mais segurança. Estilo se constrói, é o resultado de erros e acertos. Existem pessoas que já nascem com um estilo marcante, mas são casos raríssimos. O normal é absorver a influência das pessoas que admiramos e ir mudando com elas. É difícil ter um estilo bacana se você simplesmente copia outras pessoas.

• Se você gosta de um objeto, mas está fora do seu poder aquisitivo, reinvente-o. Não compre uma cópia falsificada, isso polui seu estilo. Não tenha medo de reinterpretar. Use um pingente pendurado em uma pulseira ou em um cordão de couro, em vez de uma corrente de ouro.

Empresaria, escritora e consultora de moda, **Costanza Pascolato** incorpora a elegância e o estilo, é a ícone fashion brasileira por excelência.

COSTANZA PASCOLATO

"Desde meus primeiros passos no campo da moda, há quase 50 anos, minha maior preocupação sempre foi ter um estilo próprio e coerente com meu pensamento e, além de tudo, me sentir confortável. O estilo é um pacto de fidelidade consigo mesmo, uma síntese estética da própria vida. Por isso é difícil determinar se uma mulher tem um estilo marcante quando ainda é muito jovem, a rota do estilo próprio só se encontra depois de muita experimentação. Como boa virginiana, sou uma pessoa organizada e prática. Acordo de manhã e, no lugar do espelho, a primeira coisa que olho é minha agenda. Tem dias em que preciso pular feito pipoca de um evento a outro e o que eu coloco de manhã me acompanha o dia todo. Visto o básico e capricho em acessórios extraordinários, por isso a escolha das joias deve ser muito bem pensada.

Conheço o trabalho de Francesca há décadas, me lembro da primeira coleção dela que vi na loja de um famoso joalheiro. Fiquei impressionada com a qualidade das pedras usadas, eram joias lindas, despretensiosas, para uso diário, ninguém tinha pensado nisso antes dela. A democratização das joias já tinha começado na época pós-industrial, quando os ingleses inventaram os diamantes sintéticos, mas os anos 90 foram a consagração desse tipo de proposta que permitiu que a classe média tivesse livre acesso a acessórios de qualidade por preços viáveis. Eu mesma virei uma ávida consumidora de bijuteria. Além dos bijoux, adoro joias antigas, especialmente as que carregam laços sentimentais com a minha família."

TRANSFORME

Regra número um:

Não vale a pena transformar peças pequenas.

Um monte de pequenas medalhinhas nunca vai se tornar uma pulseira de malha de ouro. Você perde suas lembranças de criança sem ganhar um produto final de qualidade. Melhor colocar um ganchinho e pendurar em uma pulseira de prata, couro ou seda.

Regra número dois:

Só transforme joias com pedras e com uma quantidade de ouro que justifique o reaproveitamento. Se você herdou ou ganhou de presente uma pedra e, apesar de gostar dela, não gosta da joia em si, peça algumas opções para um joalheiro e a transforme. As revistas podem ser uma boa fonte de inspiração, mas atenção: nunca caia na tentação de falsificar uma peça. Você sempre vai saber que está usando algo falso.

Regra número três:

Quando transformar uma joia, principalmente se ela estiver um pouco fora de moda, herdada da mãe, tia ou avó, sempre tente deixá-la mais leve, menos datada.

A sua caixinha de joias não pode se transformar em um museu, revitalize-a sempre: derreta, doe ou recicle.

TRUQUES DE FAMÍLIA

Minha paixão por joias começou aos 10 anos. Na nossa casa de verão, na Toscana, passava as tardes observando minha mãe, minha tia e minha avó desfazendo joias e reaproveitando as pedras. Todo verão era o mesmo ritual. Uma joalheira de Florença vinha três vezes: na primeira visita trazia as ideias, na segunda vinha com as joias em cima das pedras e, na última, chegava com as joias feitas. Eu ficava encantada ao redor daquela mesa, me pareciam pedras imensas. Olhava para a água marinha no dedo da minha tia e achava que era do tamanho de um lago. Na verdade, era pouco maior que um feijão. Essa era a forma que elas tinham encontrado para modernizar as pedras de família. A cada outubro, quando voltávamos para Roma, elas chegavam orgulhosas das joias novas e a cidade pensava que tinham um cofre enorme, quando, na verdade, eram sempre as mesmas pedras.

Nas minhas lojas, de vez em quando, ajudo minhas clientes a reciclar as próprias joias, recolhendo as antigas e dando 50% de desconto na compra de uma joia nova. É uma prática comum entre os joalheiros. Fique de olho no Trunk Show da H. Stern, é a sua chance de se livrar de 'Dallas' e 'Sex & the City' e ganhar algo mais atual.

CUIDE

• As pedras são seres frágeis, precisam ser protegidas dos arranhões e não gostam de luz direta. Evite que elas se esfreguem umas nas outras. Podem ser guardadas em saquinhos, mas com bastante espaço para evitar fricções. O melhor é guardar cada anel ou brinco de pedra separadamente, em um estojo de ***veludo, camurça ou cetim.***

• De vez em quando gosto de lavar meus anéis com ***água e sabão***, para realçar o brilho das pedras. Coloco água morna dentro de uma tigelinha, derreto um pouco de sabão de coco, coloco as joias e, com uma escova macia de unha ou de dente, passo por dentro e por fora. Deixo secar naturalmente, sem usar toalha (existe sempre o risco de as garras prenderem nos fios do tecido).

• Nunca limpe os colares na água, porque o fio pode apodrecer. Para colares e para pulseiras de esmalte, o melhor é limpar com uma ***flanela***.

• A prata é, entre todos os metais, aquele que precisa ser limpo com mais frequência, por causa da oxidação. Você tem duas opções: usar um ***limpa-prata*** (no Brasil, a marca Monzi é uma ótima escolha) ou uma ***escova de dente*** com água morna e sabão, uma forma menos agressiva e sem o cheiro forte.

• As joias banhadas a ouro ou prata precisam ficar ***protegidas da luz***. O ideal é deixá-las dentro de uma gaveta e, de vez em quando, passar uma flanela.

• Aconselho não usar nenhum produto em contato direto: spray de cabelo e perfume são inimigos das nossas joias. Frequentemente recebemos uma peça para trocar ou consertar e a dona reclama que nunca foi usada, mas só de abrir a sacolinha já se reconhece a marca do perfume da mulher.

Se perguntar para **Helena Montanarini** sobre o pontapé inicial da própria carreira como consultora de moda, ela responde que tudo começou por acaso, durante uma viajem em Paris no final dos anos setenta. A verdade é que o intuito de Helena nunca falha, especialmente se o assunto for moda masculina, ela sempre acerta no alvo.

Atrás da escolha das joias existe um dilema muito maior, a descoberta do próprio estilo. Roupa e acessórios são, cada vez mais, extensões da nossa personalidade. Mulheres com estilo marcante como a camaleônica editora de Vogue Japão, Anna dello Russo, ou a sofisticadíssima modelo Inès de La Fressange acertam no alvo porque a imagem delas é uma transposição real da própria identidade. Nem todos nascem com essa perspicácia para a moda, por isso, consultoras de moda e fashion coach do calibre de Helena Montanarini se tornaram aliadas indispensáveis para orientar pessoas em busca de seu estilo.

HELENA MONTANARINI

Qual é a importância do acessório na definição do próprio estilo?

Hoje o acessório é mais importante que a roupa. As pessoas acabam sendo identificadas através do acessório, seja um relógio para os homens ou as joias para as mulheres. Dez anos atrás, comprava-se em grande quantidade, hoje em dia existe uma consciência de compra. Uma mulher tem um vestido preto de boa qualidade, feito sob medida, e o usa por 3-4 anos, o que muda constantemente são os acessórios. Um vestido preto com um brinco de pérola tem um toque clássico; com uma pulseira largona e brincos de prata ganha um visual contemporâneo; com colares coloridos ou de flores vira romântico e com colares grandes de sementes e pedras se transforma em natural. Os acessórios definem o estilo de cada mulher a partir da mesma roupa.

As pessoas devem ter algo marcante, um sinal que as identifique instantaneamente. Vale lembrar que uma pessoa com um estilo definido sempre recebe os presentes certos, ninguém tem dúvidas sobre o gosto dela. Eu, por exemplo, nunca preciso trocar presentes, as pessoas acertam na hora.

Quais são os erros mais comuns na escolha de um acessório?

Não existe certo e errado na moda, aliás, pessoas que têm muito estilo nunca erram. O estilo não é moda, é modo: é o modo como você é! O estilo nunca morre, a moda passa e o estilo fica. Sempre aconselho não misturar estilos, não exagerar, manter a própria proporção, o próprio equilíbrio.

O que significa joia para você?

Joia me remete a tradição, a família, a bens materiais que são duradouros e que contam uma história. A vida inteira de uma mulher é marcada por joias: 15 anos, noivado, casamento, primeiro filho, todos os momentos mais emocionantes da vida de uma pessoa são contados pelas suas joias. Antes de morrer, a minha avó me entregou uma caixinha cheia de joias. Eu sabia que nunca ia usá-las, mas isso não tinha importância, eram o legado, as emoções, a história contida naquela caixinha o verdadeiro valor daquele tesouro. Joia é como perfume, tem um fortíssimo poder evocativo.

E as suas joias preferidas?

Tenho várias, começando por um par de brincos que mandei fazer há 25 anos para o casamento do meu irmão. Eles são enormes, em estilo barroco. Quando viajo, sempre os levo comigo. Posso estar de camiseta e jeans e, com aquela joia forte, estou arrumada. O meu amuleto é um anel com olho de tigre, não vou a lugar nenhum sem ele, é meu ponto de força. Tenho uma pulseira com a silhueta das montanhas do Rio da Francesca Romana Diana que carrego com imenso prazer e outra, desenhada pelo Frank Gehry, que parece ter sido feita pensando em mim. Sou a mulher do solitário, adoro as pérolas solitárias de Tiffany.

Desfiles e joias, qual é a tendência?

A joia tem uma coisa de estação, de período. A tendência agora são peças grandes mas, no futuro, já é previsto um minimalismo. Não o minimalismo japonês dos anos 70, mas sim inspirado no life style escandinavo.

Alguma história divertida sobre joias?

Já costurei a minha orelha três vezes, por isso só uso um brinco. É inacreditável quantas vezes as pessoas me perguntam se perdi um brinco.

Vinte anos atrás, esqueci no cofre de um hotel em São Francisco um saquinho com algumas joias de valor. Quando me dei conta, já estava em Los Angeles. Não podia ter acontecido em país melhor: liguei para o hotel e já tinham empacotado tudo para enviar ao meu destino.

Como se constrói o próprio estilo?

O estilo se define muito cedo, já na infância. O lugar onde nascemos, a herança cultural da nossa família são os fundamentos da nossa identidade.

Tenho um módulo de cinco dias focado exatamente na descoberta do próprio estilo através uma pesquisa profunda, diria até visceral, do próprio gosto ao longo da vida. As alunas são convidadas a trazer fotos delas desde a infância, para serem colocadas em uma colagem de painéis individuais que as representam. Além das fotos pessoais, tem outros elementos que entram em jogo, referentes a casa, família, comida e até viagem. Atrás do painel, cada uma tem que escrever o tipo de pessoa que ela acha que é: romântica, minimalista, moderna, natural. É surpreendente ver como muitas vezes o verso do painel não tem ligação com a frente, não é incomum a pessoa ser desligada do próprio estilo. Tenho relatos de mulheres que, depois do curso, fizeram mudanças radicais não somente no visual, mas também conseguiram dar uma virada substancial na vida delas. Uma aluna largou o marido e o emprego e se mudou para a Europa: ela simplesmente precisava visualizar a própria vida em um painel para resolver mudá-la. Conseguir se desfazer das coisas é difícil, somos acumuladores por natureza. Mudanças nos apavoram mas, muitas

vezes, são necessárias. Diante do armário, peço para minhas alunas separarem tudo o que não usam há mais de seis meses e doar para alguém ou jogar fora. Claro que isso só pode ser feito com roupa, joias carregam, além de um valor efetivo, um valor emocional. Existem dois tipos de joias: as joias da emoção e as joias da tendência. As da emoção você nunca se desfaz e, na verdade, eu guardo até as da tendência – na pior das hipóteses, elas viram vintage. Acho interessante fazer arquivos, por épocas, dessas joias. Tenho algumas pulseiras de acrílico dos anos 70 muito legais. Talvez eu não use, mas ainda contam uma história.

Sempre tire os anéis antes de hidratar as mãos com creme. Espere cinco minutos antes de colocá-los de novo.

3

Mitos e curiosidades

MITO 1 - PÉROLAS

A popularidade das pérolas é proporcional às lendas sobre esse incrível incidente da natureza. É difícil encontrar uma mulher que não goste de pérola, seja em brinco ou em um colar. É um sinônimo universal de elegância, confere um upgrade instantâneo até à produção mais básica e sobrevive ao tempo e às tendências.

Em termos científicos, a pérola é um material orgânico duro e esférico produzido por moluscos ou ostras em reação a corpos estranhos que invadem seu organismo, como um grão de areia. Podem ser de água salgada ou doce. As salgadas (como já sugere o nome) chegam a valores altíssimos e se dividem entre Akoya (Japão) e South Sea, conhecidas também como Australianas (se forem brancas) ou Tahiti (as escuras).

Simbolicamente, presentear alguém com pérolas é um investimento a longo prazo. Não é o tipo de joia que se compra para quem cruza aleatoriamente a nossa vida, é uma escolha muito bem ponderada. Não é por acaso que a comemoração de 30 anos de casamento é chamada de bodas de pérola.

DATAS IMPORTANTES

15 anos: Bodas de Cristal
20 anos: Bodas de Platina
25 anos: Bodas de Prata
30 anos: Bodas de Pérola
40 anos: Bodas de Rubi ou Esmeralda
50 anos: Bodas de Ouro

PÉROLAS NATURAIS

Os mares e as lagoas orientais são o habitat perfeito para a formação das pérolas, devido à temperatura e às microalgas, que criam as condições favoráveis para esse maravilhoso incidente da natureza acontecer. As pérolas podem ser brancas, pretas, cinzas ou rosadas. É bom lembrar que as pérolas naturais nunca são perfeitas, isso faz parte do próprio valor agregado. Por isso, um colar de pérolas naturais pode ter pequenas variações de forma e tonalidade.

... E PÉROLAS CULTIVADAS

A democratização das pérolas aconteceu a partir de 1893, quando o japonês Koikichi Mikimoto criou a primeira técnica rudimentar para seu cultivo. O enxerto do objeto estranho na ostra ou no molusco (que depois se transforma em pérola) é feito pelo homem. O procedimento é idêntico ao natural, mas o resultado é, sem dúvida, melhor: a pérola ganha volume, rapidez e perfeição e o preço cai consideravelmente. O cultivo pode ser feito tanto nas lagoas como no mar. As ostras são colocadas dentro de redes embaixo da água e, em intervalos precisos, as redes são içadas para controlar o crescimento da pérola.

SHELL PEARLS, MADREPÉROLA E PÉROLAS ARTIFICIAIS

No mercado existem opções mais econômicas que as pérolas verdadeiras e que são usadas amplamente para confeccionar joias. Apesar de não ter o mesmo status das pérolas propriamente ditas, são perfeitas, não descascam e podem ser tingidas em várias cores.

As shell pearls são pérolas feitas com a própria concha da ostra e depois revestidas por material perolizado.

A madrepérola é o material que reveste o interior de diversas conchas e é usado em várias formas e cores.

As pérolas artificiais são feitas de vidro ou de plástico.

Nas minhas joias uso somente as pérolas tchecas.

CURIOSIDADE: AS AMA

Outra lembrança da minha infância relacionada às perolas são as fotos das Ama, figuras quase míticas imortalizadas pela lente de Fosco Maraini, considerado até hoje um dos maiores conhecedores das culturas orientais. Nos anos 50, o pesquisador estudou, na ilha de Hèkura, no Japão, uma comunidade de mulheres que mergulhavam em apneia à caça de moluscos produtores de pérolas. Devido à adaptação genética (a profissão era passada de mãe para filha), elas desenvolveram uma capacidade pulmonar excepcional. Já naquela época era considerada uma profissão difícil: as mulheres trabalhavam sem roupas isolantes em águas geladas e cheias de tubarões. As gerações mais novas resolveram escolher trabalhos mais leves e as Ama viraram uma espécie em extinção. Mas ainda é possível ver de perto as mergulhadoras de ostras na ilha da pérola, Mikimoto Pearl Island.

mikimoto-pearl-museum.co.jp

CURIOSIDADE: A RAINHA DAS PÉROLAS

A rainha da Itália, Margherita di Savoia, mulher de Umberto I, era apaixonada por joias. Seu marido, talvez movido mais pela culpa que pelo amor (ele tinha fama de incurável mulherengo), lhe deu de presente um colar de pérolas de quatro metros de comprimento. Vale lembrar que naquela época não existia o cultivo de pérolas, o que estava pendurado no pescoço da rainha era um verdadeiro tesouro do fundo do mar. Conta-se que uma vez ela foi a Palermo, na Sicília, para assistir a uma apresentação no Teatro Massimo, e o assessor da corte precisou pedir à lindíssima aristocrata Franca Florio que não usasse seu colar de pérolas. É que, com sete metros de comprimento, a joia teria ofuscado a da rainha.

CANALHAS E PÉROLAS

Passei por duas situações singulares e ao mesmo tempo parecidas envolvendo pérolas na minha vida. A primeira foi na infância. Num almoço de família em um restaurante na África do Sul, um vizinho de mesa se apaixonou instantaneamente pela minha mãe e tentou seduzi-la com uma pérola escondida dentro de uma ostra. Meu irmão teve uma crise de ciúme e minha mãe ficou ainda mais constrangida.

A segunda vez foi na Ilha de Pantelleria, na Itália, em uma viagem com um amigo de Turim. Nós pedimos uma meia dúzia de ostras, enquanto um lindíssimo morador da ilha, sentado no mesmo restaurante, me paquerava de longe. Ele também comia ostras e, ao abrir uma, encontrou uma pérola com ar de romance, o malandro veio me oferecer o achado e, para desonra do meu acompanhante, aceitei o presente. Nem preciso dizer que aquela pérola não chegou até Roma – culpa do meu amigo ciumento, que provavelmente a jogou de volta ao mar.

MITO 2 - CORAL

Na minha vida, construí laços emocionais muito fortes com o coral. Por ser um produto típico do mar Mediterrâneo e o orgulho dos joalheiros e artesãos de Torre del Greco (uma pequena cidade perto de onde nasci, Nápoles, e conhecida mundialmente como a capital do coral), acabei me apaixonando por ele e virou parte da minha identidade cultural.

O coral é feito por minúsculos pólipos marinhos que formam enormes colônias de ramificação. Trata-se de animais de apenas alguns milímetros de comprimento, com oito tentáculos, somente visíveis em alguns momentos do dia. Devido a sua dureza, o coral é usado para produção de joias desde os tempos antigos.

Existem vários tipos de coral além do Mediterrâneo, que é considerado um dos mais valiosos pela intensa cor vermelha e pela maleabilidade:

Pele de Anjo (Japão), conhecido também como Boke, tem uma coloração rosa compacta.

Misu (Japão e Filipinas) apresenta cor branca ou rosada.

Sciacca (Itália), um coral fóssil de cor alaranjada, completamente extinto.

Satsuma (Japão e Filipinas), conhecido em Torre del Greco como Cerasuolo, que no dialeto local lembra a palavra cereja, com uma tonalidade bem próxima à cor da fruta.

Deep Sea (Havaí), achado em profundidades surpreendentes, entre mil e dois mil metros. Os tons vão do rosa até o vermelho claro. A descoberta desse coral foi revolucionária, provando que o coral é capaz de crescer no escuro.

Aka (Japão), conhecido também como Mouro ou Sangue de Boi, com tons que vão do vermelho vivo até o vermelho escuro.

Midway (Polinésia), com tons que vão do branco até o damasco.

SUPERSTIÇÃO

O coral, além de ser um sonho possível em termos de custo e acessibilidade, é uma peça-chave para ambos os sexos. O coral extrapola o mundo das joias, é mágico.

Os antigos achavam que a cor era nada menos que o sangue da mitológica Medusa, decapitada por Perseu, e que a forma simbolizava a árvore (eixo do mundo) imersa nas águas profundas (origem do mundo). É um ponto de cor tão forte que até pequeno é poderoso.

Uma pimentinha da sorte de coral é figurinha fácil nas carteiras de todos os italianos, sobretudo dos napolitanos, que são supersticiosos por natureza. Os empresários a escondem atrás da gravata. Até as melhores gravatas do mundo, assinadas pelo estilista Maurizio Marinella e objeto de culto entre os políticos, são vendidas com um micropingente de coral na forma de pimentinha pendurado no verso. Costumo dizer que as gravatas são os colares dos homens e o sucesso de Marinella se deve tanto à altíssima qualidade do produto

> *"A superstição está para a religião como a astrologia está para a astronomia: a filha louca de uma mãe sensata"*
>
> Voltaire

quanto ao serviço impecável. Antes do Natal, a chiquérrima loja fica pequena para atender o volume de compras. Os clientes impacientes aguardam sua vez na frente das vitrines e o que normalmente seria uma chatice, ficar parado no frio, se transforma em um glamouroso lanche, com deliciosas sfogliatelle (um croissant típico de Nápoles) servidas em bandejas de prata. E acreditem, nunca vi uma fila tão gulosa.

marinellanapoli.it

PARA DAR SORTE

A pimentinha da sorte de coral não pode estar à vista. Ela deve estar escondida, protegida contra as influências negativas. As mulheres a escondem na lingerie, principalmente no sutiã, porque, além de ser um remédio contra o mau-olhado, é um amuleto para fertilidade. Não pode ser comprada, pode ser recebida como presente ou... roubada.

Isso me lembra uma exposição de joias que fiz há algum tempo. No último dia do evento, minhas colaboradoras me ligaram assustadas porque, ao recolher as

Elisabeth Abduch

peças, se deram conta de que tinha sumido uma pimentinha de coral. Eu as tranquilizei e, rindo, pensei logo no segurança da embaixada, provavelmente napolitano, que pacientemente aguardou a sua vez para levar o amuleto da sorte.

Sempre que vou à Itália trago algumas pimentinhas de coral, é um presente que sempre agrada. Todo mundo precisa de sorte, ainda não encontrei ninguém que possa se dar o luxo de viver sem um pouco de bom auspício. Minhas amigas passaram a carregar a pimentinha dentro da carteira.

AMULETOS

Cada povo tem seu amuleto. Seja mão de Fátima, olho grego, olho de Santa Lúcia ou Nossa Senhora Aparecida, qualquer coisa que traga sorte é bem-vinda. Somos rodeados de crenças por todos os lados. Algumas fascinantes, como tornar mais intensa a cor da turquesa através do aparelho digestivo do peru. Outras improváveis, como mergulhar a pérola de água doce em água salgada para torná-la mais valiosa.

Grandes poderes são atribuídos aos anéis. Na Irlanda existe uma joia celta, o Claddagh ring, que, dependendo de como for usada, pode atrair ou afastar admiradores. O símbolo são duas mãos segurando um coração. Se o coração apontar para os dedos, a pessoa está aberta a novos encontros. Se o coração apontar para o dorso da mão, o dono da joia está comprometido.

No jantar comemorativo do Dia de Reis, minha amiga Christiane costuma fazer um bolo propiciatório. Em um dos eventos, colocou um dos meus anéis misturado à massa. Depois de pronto, o bolo foi compartilhado entre as convidadas e a sortuda que recebeu a fatia com o anel foi abençoada com um ano repleto de bons auspícios.

MITO 3 - ÂMBAR

Das gemas orgânicas citadas (pérola, coral e madrepérola), apenas o âmbar é de origem vegetal. Ele é antiquíssimo, pois se trata de uma resina formada há 30 milhões de anos por um tipo de pinheiro, o Pinus succinites. Essa árvore, devido a um aumento na temperatura do ambiente, começou a produzir grande quantidade de resina e qualquer obstáculo no caminho (inseto, folha, bolha de ar) foi englobado e imortalizado pela eternidade. Milhões de anos transformam este acidente da natureza em uma cápsula temporal, com tons de mel que variam do amarelo ao marrom.

Quando se fala em âmbar, o cuidado maior é desconfiar das contrafações que, infelizmente, são até mais perfeitas que as originais e difíceis de detectar. É bom comprar em um lugar de confiança ou levar alguém que possa avaliar a peça na hora da compra. A diferença mais clara é o preço: não existe âmbar fóssil com mosquito dentro por um valor abaixo de quatro dígitos.

MITO 4 - SWAROVSKI

Swarovski é um produto sintético, um tipo de vidro com chumbo criado em fábrica. É como o cristal da Bohemia, só que de formato diferente. Ele imita o formato de lapidação das pedras preciosas, incluindo cores e nuances da moda.

Coco Chanel foi a primeira designer a apostar no uso de cristais Swarovski nas suas coleções de roupas e acessórios. Ela revolucionou o mundo das joias, introduzindo pérolas falsas no lugar de verdadeiras e cristais em vez de diamantes, afirmando que o objetivo das joias é enfeitar a mulher, não fazê-la parecer rica.

chanel.com

Desde então, outros designers talentosos se aventuraram neste complexo universo Swarovski. Como a jovem paulista Camila Klein, particularmente hábil em refinar este produto e torná-lo um acessório mais luxuoso.

camilaklein.com.br

"A diferença entre as recordações falsas e as verdadeiras é a mesma que existe entre as joias: são sempre as falsas que parecem mais reais, mais brilhantes."

Salvador Dalí

É impossível não reparar no excesso de Swarovski durante o desfile das escolas de samba do Rio de Janeiro, no Carnaval. As rainhas de bateria são literalmente cobertas de brilho da cabeça aos pés. Os figurinos mais elaborados são feitos pela artista mineira Claudia Parizzi que, guiada por talentosos carnavalescos, embarca nas aventuras mais audazes. A última moda do Carnaval é colocar Swarovski até nas hastes das penas de pavões.

Rainha de bateria do Império Serrano, a atriz Quitéria Chagas me confidenciou que a quantidade de Swarovski é inversamente proporcional à habilidade da dançarina. Se ela brilha mais que uma árvore de Natal, pode ter certeza que é uma estratégia para desviar a atenção de seu samba no pé.

Casada com um empresário italiano, Quitéria transita em vários mundos e é bastante atenta aos diferentes códigos culturais e sociais. A primeira coisa que notou em Milão é que as europeias não saem parecendo carros alegóricos, são mais discretas na produção. Em São Paulo, as mulheres consomem muito mais joias que no Rio. E em Angola só se fala em diamantes – ouro é coisa de pobre. Mas existe um denominador comum entre as diversas culturas e camadas sociais: joia é uma vitrine, serve para afirmar o poder da pessoa e seu status na sociedade, impõe respeito.
Filha de uma família de classe média da Tijuca, na época do Plano Collor Quitéria viu o pai trocar a poupança por uma gaveta cheia de pedras coloridas. Foi amor à primeira vista. Desde criança é apaixonada por gemas e acredita totalmente no magnetismo das joias: quando vestidas por prazer e não por ostentação, transformam uma mulher em deusa.

4

Homens e joias

ANEL DE NOIVADO, ALIADO OU INIMIGO?

Quando minha irmã ficou noiva, ganhou de presente um anel com uma pedra fantástica, a Alexandrita. Mas era tão pequena que não fazia jus à sua qualidade. Essa é uma pedra que muda de cor dependendo do tipo de luz: se for natural é verde esmeralda, se for artificial se transforma em um roxo ametista. De tão pequena, a pedra era quase invisível. E minha irmã ficou triste, talvez preferindo uma mais comum – como água-marinha, turmalina ou mesmo esmeralda –, mas que fosse grande.

Tamanho é importante. Para ela, que gosta de joias grandes, foi decepcionante. Lembro-me que, quando mostrou para minha mãe, teve que dar muitas explicações. Nunca foi um dos seus anéis preferidos e é uma pena, porque foi desenhado por uma joalheria de que ela gostava e, no fim das contas, não era um anel que carregasse com orgulho.

colar Bulgari

Escolher uma joia nunca é tarefa simples. Quando se trata de uma peça fundamental como o anel de noivado, devemos tomar todos os cuidados. Joias erradas em momentos importantes podem provocar efeito contrário e, em vez de simbolizar a promessa de um futuro próspero e feliz, vão sempre nos lembrar do primeiro descuido.

"A única palavra que ela conhece em Italiano é Bulgari", brincou uma vez o ator Richard Burton a respeito da mulher, Elizabeth Taylor. Entre as joias da atriz, vale lembrar o diamante Krupp (33.19 quilates), que um dia Burton lhe colocou no dedo, além de um outro anel de diamante, corte pera, de 69.42 quilates, que ela usou como pendente. Sem falar da pérola Peregrina e dos conjuntos de rubis, safiras e esmeraldas.

COMO ESCOLHER

Alguns homens 'iluminados' escolhem a joia sozinhos, apenas com o auxílio de um joalheiro fiel, mas são casos raros e nem sempre acertam no alvo. O ideal é ter aliadas úteis no momento da compra: uma amiga íntima, a irmã ou até a mãe da futura noiva são perfeitas conselheiras. O anel de noivado é a joia mais importante que a mulher recebe na vida. É um símbolo de compromisso e não é incomum que seja guardado com enorme carinho mesmo depois do fim do casamento. Por isso é importante saber o que realmente deseja a mulher e assim evitar uma provável frustração.

Para descobrir o tamanho do anel sem estragar a surpresa, leve ao joalheiro um anel anular da própria mulher. Se não for possível, aconselho medir este anel na própria mão e memorizar em que falange ele cabe melhor. Assim, você terá uma referência na hora da compra.

ATENÇÃO

Alergias a metais preciosos são raras, mas existem, as mais comuns são causadas por metais básicos como zinco, níquel e cobre, porque oxidam ou corroem mais fácil. Por isso, preste atenção porque a prata de lei contém 7,5% de cobre e, muitas vezes, provoca reações na pele sensível.

DIAMANTE, O MELHOR AMIGO DA MULHER

O anel de diamante é o clássico dos clássicos como presente de noivado. A pedra reina no imaginário das mulheres, símbolo maior do luxo e da joia que dura para sempre. Como Marilyn Monroe imortalizou:"diamantes são os melhores amigos de uma garota". Mas só 20% da produção mundial é usada em joias: por ser a pedra mais resistente da natureza (só um diamante corta outro diamante), é muito utilizada pela indústria para cortar, serrar e polir outros materiais. O Brasil já foi o maior produtor de diamantes, hoje a África do Sul lidera o mercado.

Para muita gente, "brilhante" é sinônimo de diamante. Na verdade, brilhante é um tipo de lapidação, a que deixa o diamante com maior brilho e se tornou a mais popular.

"Acredito que os homens que têm orelha furada estão mais bem preparados para o casamento. Eles experimentaram a dor e compraram joias."

Rita Rudner

Os tempos e os costumes mudam muito rapidamente, mas existem algumas tradições que não podem simplesmente se tornar ultrapassadas. O anel de noivado faz parte desta seção intocável: nunca sai de moda e nem pode ser trocado por outro presente (uma viagem, por exemplo). O simbolismo é intrínseco ao objeto, não pode ser substituído.

Porém, há sempre exceções que confirmam a regra. Uma amiga casou-se com um príncipe de um país que já tinha sido uma monarquia. No momento do pedido de casamento, ele ficou tão emocionado que pegou uma caixa de papelão debaixo da cama e, entre as tiaras e as joias mais fantásticas da família, escolheu um broche paraoferecer a ela, sacramentando aquele instante. Ela conta que, mesmo quando o anel formal chegou às suas mãos, o objeto que marcou aquele momento foi o broche – porque o gesto foi espontâneo e cheio de emoção.

Em geral a joalheria é o lugar mais apropriado para escolher uma joia que, no caso do noivado, não pode fugir do binômio ouro & pedra preciosa. É o que mostra que o homem está apostando no relacionamento. Não é o momento para fazer economias, tentar a sorte ou ser experimental.

NAMORO ACABOU EM PIZZA

Uma famosa atriz brasileira me contou uma história ótima. "Depois de um namoro que terminou de mau jeito, transformei o anel de noivado, um diamante, em vários pequenos anéis pizza, cada um com uma pequena pedra do anel original. Depois, dei os anéis às minhas amigas mais próximas. O namoro acabou em pizza, mesmo."

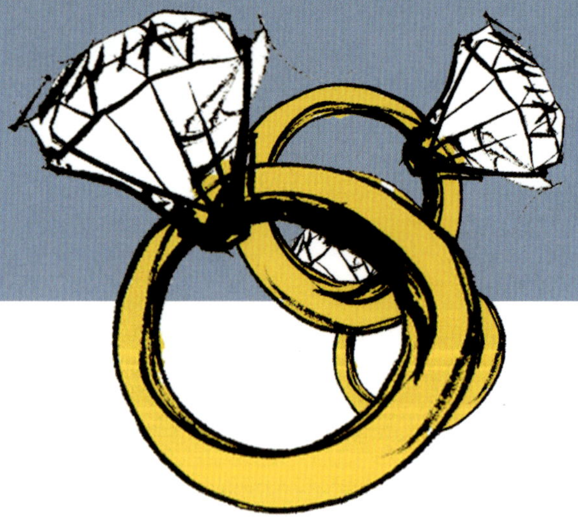

O premiado publicitário **Washington Olivetto** fala sobre sua relação com as joias e a maratona por que passou para presentear sua mulher com uma peça muito especial.

WASHINGTON OLIVETTO

Você costuma usar joias masculinas?

Não. Só uso relógio, no pulso esquerdo, e minha aliança de casamento, de ouro branco, discretíssima, feita pelo Antonio Bernardo.

Já recebeu alguma joia de presente?

Não. Não, não. Na verdade, sim. Alguns lindos prendedores de gravata e dois espetaculares distintivos cravejados do Corinthians.

Existe algum tipo de amuleto que você carrega por trazer sorte?

Não é por trazer sorte nem por superstição, mas carrego na minha pasta de mão, uma Vuitton preta com mais de 20 anos de idade, um pequeno Xangô de bronze, meu santo no candomblé.

Como a maioria dos brasileiros,sou um católico apostólico mezzo africano. Esse Xangô me foi dado no início de 2002 por Mãe Cleusa do Gantois.

Qual é o lugar mais incrível onde você já comprou joias?

Para os apaixonados por design simples, a Alemanha – particularmente Berlim –, depois de unificada, tem joalherias espetaculares. São primas-irmãs de projetos arquitetônicos assinados por profissionais como Renzo Piano e Norman Foster.

Qual você acha que será o futuro das joias?

Um futuro brilhante. Com ou sem brilhantes.

Você lembra de alguma história divertida ou peculiar relacionada a joias?

No início dos anos 90, comprei para minha mulher, Patrícia, em Nova York, um belíssimo colar do mitológico artista plástico e designer russo/francês Erté. Patrícia adorou. Saímos de Nova York para Barcelona, onde fomos trabalhar. No aeroporto de Barcelona, quando estávamos já voltando para o Brasil, a bolsa de mão de Patrícia foi roubada. Dentro da bolsa estava o adorado colar. Patrícia ficou tristíssima e eu prometi a ela que compraria outro. Troquei nosso voo de São Paulo para Nova York e fomos direto para a joalheria do Soho, onde eu tinha comprado o colar do Erté. Eles não tinham um igual, pois todos eram peças únicas, mas tinham um parecido. Comprei e Patrícia ficou ainda mais feliz, porque o segundo colar, além de também belíssimo, continha toda uma história simbólica nas nossas vidas. Estávamos trabalhando feito malucos, entre São Paulo, Nova York e Barcelona. Aquela maratona do colar, com a tristeza do assalto e a alegria da recompra, além de tudo, coroava os nossos esforços.

HERANÇA DE FAMÍLIA

Nas famílias tradicionais, o anel de noivado é herdado, já faz parte do patrimônio da família. Nem sempre as mulheres gostam de receber um anel que pertenceu à sogra, seja porque não combine com seu estilo ou porque venha carregado de laços emocionais alheios. A não ser no caso do anel de noivado de Lady Di, na maioria das vezes as mulheres têm uma resistência natural em aceitar uma joia usada.

Por isso a escolha de um anel de família deve seguir alguns cuidados:escolher o mais bonito (seria chato ela descobrir que havia outro anel melhor) e levá-lo ao seu joalheiro de confiança para trocar o formato, adequar o tamanho e personalizá-lo.

Não tenha vergonha de pedir de volta o anel de noivado seo casamento não der certo. O casamento acabou.O que vamos fazer com essa joia? Se for uma joia de família, tem que ser devolvida. Ela carrega uma história que pertence àquele sobrenome. Se a mulher não quiser devolver, o marido pode escolher outra joia e sugerir a troca. Mas normalmente nenhuma mulher quer ficar com o anel do noivado de uma união que parou de existir, a menos que seja uma joia que ela mesma desejou e escolheu.

Cartier
Cartier

Se o orçamento for ilimitado

Harry Winston

Conhecido como o mestre dos diamantes, tem butiques exclusivas espalhadas-pelo quatro cantos do mundo. As maiores e mais raras gemas passaram pelas suas mãos, desde o lendário Hope Diamond até o anel de noivado de Jennifer Lopez, um romântico diamante rosa de seis quilates.

harrywinston.com

Graff

Lendário joalheiro londrino, Laurence Graff é o queridinho da família real inglesa. Diamantes coloridos e de tamanho generoso são sua especialidade. Entre eles, o WittelbachGraff (originariamente parte da coroa da Infanta Margarita Teresa, imperatriz do Sacro Império Romano-Germânico), considerado até hoje o maior diamante azul intenso do mundo (31.06 quilates).

graffdiamonds.com

Van Cleef & Arpels

Famosa pela criatividade e por estar entreas cincos joalherias mais caras no mundo. Existe há mais de cem anos e suas criações podem ser admiradas, além da lendária butique na PlaceVendôme, em Paris, também na loja recém-inaugurada no shopping JK em São Paulo. A joia que o consagrou como querido das celebridades é o colar de diamantes Organdi, feito com diamantes de 79 quilates e ouro branco.

vancleefarpels.com

Ao alcance

Bulgari

Perfeito para quem quer vestir o glamour da Itália e transformar a própria mulher em uma diva de Hollywood. De Sophia Loren até Kirsten Dunst, Bulgari nunca sai de moda.

bulgari.com

Pomellato

Joias leves e soltas, para uma mulher jovem, descolada, moderna.

pomellato.com

BVLGARI

No Brasil

H. Stern

Além de ser sinônimo de qualidade e seriedade, H. Stern é a encarnação do joalheiro fiel, íntegro, que não vende gato por lebre. Escolhe as pedras com extremo bom gosto e o resultado é uma joia requintada e sofisticada.

hstern.net

Amsterdam Sauer

Oferece uma grande variedade de joias. Quando se trata de anéis de noivado, vale sempre a pena conferir no cofre. A seleção exposta na vitrine é só uma pequena amostra das coleções.

amsterdamsauer.com

Sara Joias

O trabalho artesanal e a qualidade das pedras fazem dessa marca uma opção ideal no momento da escolha do anel de noivado.

sarajoias.com

Tiffany

Famosa joalheria sinônimo de estilo e sofisticação. Diz-se que as histórias de amor mais incríveis sempre foram celebradas com um anel Tiffany.

tiffany.com

Cartier

Lendária joalheria francesa que encarna a essência do bom gosto e do requinte.

cartier.com

Cartier
82
Cartier
1847

QUANDO E QUE JOIA É OBRIGATÓRIA?

As pessoas devem se sentir livres para presentear quem amam em qualquer momento, mas existem comemorações que não podem passar em branco. Essas ocasiões exigem joias que marquem o momento e simbolizem os rituais de passagem, tão fundamentais na vida de uma mulher.

• Noivado: Ouro e pedra preciosa. O momento da escolha é crucial.

• Nascimento: Sempre que um filho nasce, a mulher deve receber uma joia. Não precisa ser um anel, pode ser uma pulseira, por exemplo. Ela costuma ganhar também da própria família, pelo fato de estar trazendo um novo herdeiro.

• Batizado: Pequena correntinha comemorativa com nome ou símbolo religioso.

• Aniversário: O primeiro brinco para furar a orelha (adolescente até 15 anos) deve ser de ouro com diamante, porque é uma joia que deve durar para sempre e que a menina possa usar pela vida toda.

A partir dos 15 anos, a moça começa a desejar um monte de coisas e neste momento a bijuteria se transforma em uma grande aliada.

• 15 anos: É o momento em que se dá a primeira joia importante. Geralmente um colar de pérolas, um pingente de ouro, uma corrente de ouro com pingente de pedra ou de diamante. Soube de um jovem pai que deu de presente para os 15 anos da filha uma das minhas pulseiras, customizada com uma frase que ele dizia quando a acordava ainda criança: 'Bom dia, luz do dia'. Imagino que a filha deva ter ficado muito emocionada. Essas ideias, um pouco mais elaboradas, são as que deixam as pessoas mais surpresas e felizes.

• Aniversário de casamento: A joia pode ser mais cara do que a do noivado – já que, com a idade, aumentou o poder aquisitivo do casal –, mas nunca vai ter o mesmo significado e a mesma importância que a primeira.

• Em qualquer momento em que um homem se sinta novamente apaixonado pela própria mulher. É legal não se restringir.

Aconselho, porém, a não usar joias para obter o perdão diante de uma traição. As pedras têm um poder evocativo: elas sempre lembram, não fazem esquecer.

> *"Resista a uma tentação e sua alma adoecerá de desejo pelo que lhe foi vedado."*
>
> Oscar Wilde

mares
thermic

CASAMENTO SUBMARINO

Durante um mergulho na Ilha Grande, conheci um casal que estava celebrando o aniversário de dois anos de casamento, embaixo d'água.

Achei muito romântico. Eles me contaram que o casamento também tinha sido nas profundezas do oceano. Reconhecendo o sotaque dele, perguntei se as alianças tinham sido compradas no Chiado, o chiquérrimo bairro de Lisboa das antigas joalherias portuguesas. Ele riu e confirmou, contando que, quando disse à mãe que tinha se apaixonado por uma linda brasileira, ela o aconselhou a comprar o anel no Chiado, em uma joalheria à altura da mulher. A união submarina foi completa, com direito a buquê de flores, véu e padre mergulhador.

OBSERVE, ESCUTE, COMPRE

Fique atento às mudanças e aos desejos da sua mulher. Não insista em dar o mesmo tipo de joia a cada aniversário. Pode ser que ela deseje algo diferente, uma joia étnica que venha de longe ou uma joia bem colorida, de esmalte. Depende da fase da vida dela. Olhe para ela, estude o estilo, observe as cores, pesquise sobre as suas grifes preferidas. Muitas vezes, quando me apresento para homens, eles me fazem mais ou menos a mesma observação: 'Conheço seu nome pela fatura do meu cartão de crédito'. Já virou piada. Mas isso funciona, monitorar as compras para descobrir as marcas que ela gosta.

Seja criativo, surpreenda, escute o desejo dela, repare no gosto dela, seja generoso. Não existe nada que vá criar a mesma emoção que uma joia. Uma joia dada por um homem tem mais valor que qualquer outra coisa.

E lembre-se de guardar na manga a frase mágica 'Se não gostar, pode trocar'. Não a deixe culpada por trocar uma joia que você deu de presente. Vale mais o anel que ela trocou e agora usa do que aquele primeiro, que você escolheu, mas que passaria a vida toda guardado em uma gaveta.

SURPREENDA

Soube uma vez de uma história muito legal. Um casal estava voando para Paris para comemorar o aniversário dela. Em determinado momento, o marido levantou e foi falar com a aeromoça. A mulher nem percebeu.

pulseira John Hardy

À meia-noite em ponto, a aeromoça trouxe para ela, em uma bandeja, um pacotinho com uma das minhas pulseiras. Sempre que me encontram – e já se passaram 10 anos – eles me falam da emoção que sentiram naquele avião.

A joia deve estar dentro de uma caixinha, de um pacotinho, de algum embrulho com um laço de cor forte. É legal criar um clima de mistério.

VALORIZE

Faça um bom intervalo entre cada presente, ninguém pode se acostumar a esse tipo de tratamento. Cobrir uma mulher de joias, além de ser um esporte caríssimo, estabelece um padrão perigosamente alto não só para você, mas para todos os homens na vida das amigas dela. Minimize o estrago do seu karma de gênero. A famosa patinadora de gelo Sonja Henie dizia que as joias desviam a atenção das pessoas das rugas. Seguindo o mesmo pensamento, uma doação excessiva de joias desvia o relacionamento do seu foco.

COFRE OU GAVETA?

Joias de cofre são lindas, mas você nunca as vê e dão um trabalho danado. Joias de gavetas também são lindas e você as aproveita muito mais. Então, fora os 15 anos, o noivado, o casamento e quando nascem os filhos, as joias que vão dar mais prazer para uma mulher são as que vão ficar na gaveta, não no cofre.

As de Francesca Romana Diana devem ficar na gaveta. São joias que podem viajar, ficar no hotel e que, se forem levadas, não há problema algum. Volte e compre tudo novo. Não há sentimento de perda terrível. São joias que podem ser curtidas.

JOIA NÃO É INVESTIMENTO FINANCEIRO

A ideia de comprar e dar uma joia porque um dia ela vai valer muito mais não corresponde à realidade. Um bom investimento acontece apenas quando se descobre uma pedra como a Turmalina Paraíba, nos anos 1986-87. Aquilo foi um ótimo investimento financeiro, porque você comprava aquela pedra por um valor e, dez anos depois, ela valia dez vezes mais. Mas trata-se de uma pedra fabulosa, muito rara.

O ouro é uma commodity. O preço do ouro é baseado em seu peso. Mas ninguém paga uma joia pelo preço do ouro. Você paga muito mais. Porque, além do material, ela também é o design, a marca, o marketing e a história associada a ela. As joias que você compra em leilão já pertenceram a alguém e elas tendem a ter um preço mais adequado. Mas não pense em joias como investimento, pense em joias como presente.

Joias importantes devem ser compradas em joalheiros de confiança, que tenham um estabelecimento renomado. É muito difícil dizer a qualidade de uma pedra em uma joia montada, você deve ter total confiança no joalheiro. Atualmente existem sofisticadas técnicas para deixar as pedras mais bonitas. Joalherias sérias fornecem um certificado da pedra reconhecido internacionalmente (GIA).

Pedras raras, joias históricas ou vintage podem ser bons investimentos, até porque no passado faziam-se joias com mais cuidado, artesanalmente, e a relação qualidade/ preço é adequada. Apesar de algumas mulheres não gostarem de joias vintage porque já tiveram outras donas, eu, pessoalmente, adoro, acho que além do design particular elas também carregam uma história.

colar David Webb

Talvez a definição do tempo de carvão seja o diamante.

Kahlil Gibran

VIAGENS E JOIAS

Joias viajam no tempo, como as vintage, e também no espaço, como as joias étnicas. Os dois tipos são importantes mensageiros de culturas e de História. Carregar a tradição milenar de um país no pescoço é um luxo de inestimável valor. Uma viagem de negócio ou de lazer pode ser a ocasião perfeita para escolher uma peça rara que transforme o visual de sua mulher e lhe dê um toque exótico e inusitado.

Um amigo meu de infância, que trabalhou por alguns anos no Sudão, me contou historias incríveis sobre a animada feira de Ondurman, na capital, Cartum. Essa antiga feira é um verdadeiro tesouro de joias antigas. Além de gemas de âmbar, o forte da feira são os preciosos colares de pérolas de vidro, feitas em Veneza em torno do ano de 1600 e usadas como troca entre os comerciantes venezianos e as caravanas que viajavam pelo Mediterrâneo. Até hoje as pérolas têm um valor preciso, além do valor da joia, e nunca deixaram de ser moeda. São joias deslumbrantes, antigas, ancestrais. Ele e a mulher passavam os domingos passeando entre os camelos à procura de tesouros.

HERANÇA NO BRASIL

O colecionador de pérolas venezianas antigas Carlo Buzzi veio ao Brasil, há alguns anos, atrás de colares que, com a diáspora africana, atravessaram o Atlântico e enfeitaram o pescoço de poderosos babalorixás e yalorixás. Por incrível que pareça, especula-se que as joias do Candomblé sejam uma reinterpretação dos antigos colares fabricados em Veneza.

5

Museus e coleções de Joias

Nós, 'proprietários', somos apenas os cuidadores. Se você é um colecionador, tem que estar disposto a compartilhar... Nós somos apenas os guardiões."

Liz Taylor

Há vários museus de joias no mundo e, se estiver em uma cidade onde exista um, sempre tente visitá-lo. Nunca vai se arrepender de ter passado uma tarde observando a expressão mais alta da arte, a ourivesaria.

Uma vez saí da ilha de Capri arrastando meu filho, coitado, inconformado ao ver suas férias de verão transformadas numa peregrinação atrás de um topázio imperial incrustado na primeira joia com gema brasileira encontrada na Europa. Foi uma gincana entre barcos, trens, aviões e táxis e o inferno astral nos aguardava em Dresden, na Alemanha: chuva torrencial e museu fechado até setembro, enquanto ainda estávamos em julho. Frustrados, perambulamos pelo zoológico de Berlim e,

irritados por termos viajado três dias só para ver girafas, voltamos correndo para o verão mediterrâneo. Nosso esforço heróico foi recompensado pouco tempo depois, quando finalmente visitei esse incrível museu.

> *Sempre entre em contato com o museu antes de planejar sua viagem.*

Separei uma lista dos meus museus favoritos:

Museu do Kremlin

Localizado no Palácio do Arsenal, na Praça Vermelha, em Moscou. É, sem dúvida, o mais importante de todos, por guardar o acervo das joias dos Romanov. As joias não se limitam a adornos para pessoas. Há joias para cavalos, que incluem rédeas, colchetes e selas cravejadas de pedras preciosas e pérolas. E também joias para mesas, pratos enormes que poderiam servir um boi inteiro, com o desenho central contornado por uma moldura de pedras preciosas. O Fundo dos Diamantes, exposição no piso superior do edifício, só pode ser visitado adquirindo um bilhete adicional. Devido à quantidade de joias de ouro e aos tamanhos inacreditáveis das pedras preciosas, é sujeito a lotação, por isso é necessário reservar antes. Os diamantes Orloff (189,6 quilates) e Xá (88,7 quilates) são algumas das peças lendárias que podem ser admiradas.

kreml.ru

Grünes Gewölbe

Fica no Castelo de Dresden, na Alemanha, e é considerada a maior coleção de tesouro da Europa. Fundada por Augusto, O Forte, rei da Polônia, reúne joias desde o estilo barroco até o clássico. Além das joias femininas e masculinas, destacam-se centros de mesa de dois metros de largura esculpidos em ouro e pedra com personagens inspirados na Índia e na China; amplas coleções de objetos esculpidos em cristal de rocha; anéis, colares e brincos de complexo trabalho de ourivesaria. Ao visitar esse museu percebi que estava diante da grande musa inspiradora de designers do calibre de Cartier e Bulgari – as joias dos anos 30 foram sensivelmente influenciadas pelas peças de dois séculos atrás.

skd.museum

Museu de Topkapi

Fica no Palácio Topkapi, em Istambul, na Turquia. Eu o visitei quando tinha pouco mais de 20 anos e fiquei muito impressionada. As joias, nada menos que o tesouro do Império Otomano, vão além do étnico: são peças milenares que carregam histórias folclóricas como o diamante Spoonmaker (literalmente, fabricante de colher). Diz a lenda que o diamante foi objeto de uma negociação pouco honesta entre um joalheiro e um pobre pescador: enganado na avaliação, o pescador acreditou que o diamante era vidro e o vendeu em troca de três colheres.

topkapipalace.com

Museu de San Gennaro

Por ser o museu da minha cidade natal, além da importância histórica tem um significado pessoal. Faz parte da minha vida, lembra minha infância. San Gennaro é o padroeiro de Nápoles, na Itália, e o tesouro são as oferendas dos devotos, principalmente joias e objetos de prata de grande valor. Ao longo dos séculos, reis, papas e imperadores (entre eles, Napoleão) sempre foram muito generosos com o santo e especula-se que o valor do tesouro de San Gennaro já tenha ultrapassado o da Coroa inglesa. Entre as dez maravilhas do santo, destaca-se um colar de 1679, um dos mais preciosos do mundo, com 13 malhas de ouro maciço, 700 diamantes, 276 rubis e 92 esmeraldas.

museosangennaro.it

Museus do Ouro

Existem dois museus com joias pré-colombianas, um em Lima e outro em Bogotá. O segundo é sensacional. Você entra em um bunker totalmente escuro e, assim que os olhos se habituam à escuridão, acende-se uma pequena luz que ilumina uma peça de ouro pendurada na parede, depois outra luz ilumina um pedacinho de ouro mais à frente e assim por diante. Até que a sala se ilumina completamente e você se dá conta de estar em um espaço totalmente forrado de ouro. Durante o processo de descoberta, temos tempo de apreciar a maravilha de cada peça. É uma experiência incrível. O museu no Peru, apesar de apresentar o acervo de forma mais tradicional, é igualmente deslumbrante.

Bogotá: banrepcultural.org/museo-del-oro

Lima: museoroperu.com.pe

Victoria and Albert Museum

É uma parada obrigatória em Londres para observar a linha do tempo da ourivesaria europeia. Tem um acervo de mais de 3 mil peças, desde joias celtas até os designers mais contemporâneos. Além de obras de grande significado histórico, tem joias despretensiosas e ao mesmo tempo adoráveis, como os anéis franceses com secretas mensagens de amor.

vam.ac.uk/page/j/jewellery

Museu do Coral

Fica nas encostas do Vulcão Vesúvio, na Itália. Acredito que seja único, fruto da devoção e da excentricidade de seu criador, Basilio Liverino, carinhosamente conhecido como Corallaro. Ele construiu dentro da própria casa um bunker, com um heliporto anexo, na eventualidade de o vulcão acordar. Já aconteceu com Pompeia há quase 2000 anos, então a possibilidade de uma nova erupção não é tão remota assim. Minha dúvida sempre foi se, no momento de colocar todas as peças do museu dentro do helicóptero, ele lembraria também de levar a família.

Basilio Liverino era considerado uma autoridade na Itália, pelo seu carisma e seu amor incondicional pelo coral. Não era raro que eu passasse uma tarde inteira ouvindo suas histórias fantasiosas. Ele arrematou toneladas de coral fóssil encontrado em um depósito natural no meio do Mediterrâneo, em um lugar chamado Sciacca (que passou a ser o nome deste tipo de coral alaranjado). Era uma enorme jazida para onde as correntes, durante milênios, levavam os galhos de coral que se desprendiam das encostas.

O Museu está aberto ao público, mas com reserva.

liverino.it

Museu Nacional das Joias

Entrar em um banco para ver uma coleção de joias é um pouco inusitado, mas, diante do inestimável valor das peças desse museu em Teerã, no Irã, é compreensível que a segurança seja a maior prioridade. É possível contemplar o maior diamante rosa do mundo, Darya-i-Nur (Oceano de Luz), que pertenceu aos imperadores Mogóis da Índia e foi grande orgulho dos reis persas.

cbi.ir/page/1475.aspx

Museu das Pedras H. Stern

Nem sempre é preciso cruzar o mundo para se ver rodeado de joias e pedras de altíssima qualidade. O museu da joalheria H. Stern é de fácil acesso (no coração de Ipanema, no Rio de Janeiro) e mostra bem todo o processo de criação da joia, desde a pedra bruta até a obra final. Tem a maior coleção de turmalina lapidada do mundo.

hstern.com.br

COLEÇÕES

A coleção, ao contrário do museu, tem uma vida mais curta e dinâmica. Tem hora para ser admirada e transita em lugares diferentes.

> *"Colecionador se nasce, não se torna"*
>
> Barbara Berger

Leilões podem ser um ótimo lugar para admirar coleções. Não é incomum que, após a morte de um grande colecionador, os herdeiros se apressem em vender qualquer rastro do infeliz. Parece um pouco cínico mas, nas grandes casas de leilões, existe até um departamento chamado DDD – Debts, Divorces and Death (dívidas, divórcios e morte). É uma equipe selecionada especificamente para monitorar os momentos mais frágeis dos milionários, quando a rápida queda pulveriza os tesouros de família por valores irrisórios.
O colecionador é uma figura intrigante, aventureira, excêntrica. Não é um simples acumulador. Ele é um intérprete, um mediador de significados e um inestancável pesquisador.

Os catálogos da Sotheby's e da Christie's são aliados indispensáveis para ficar por dentro dos melhores leilões de joia do mundo.

JOIAS E MAIS JOIAS

Entrar na casa de um colecionador é uma experiência quase mística. O arquiteto Rafic Farah me contou que uma das experiências mais marcantes da sua infância foi quando, junto com a tia, visitou o palacete de uma famosa herdeira em uma travessa da Avenida Paulista, onde hoje é o MASP. Ele entrou em uma sala ampla, cheia de portas. Cada porta tinha gavetas do chão até o teto. E, em cada gaveta, uma joia.
Nem existem dias suficientes na vida de uma pessoa para vestir todas aquelas joias. A busca do colecionador vai além do objeto em si: ele captura todos os pensamentos que produzem o mesmo objeto.

Fiquei eletrizada quando descobri que uma das minhas queridas clientes, Lourdes Catão, tinha uma enorme coleção de fakes (joias falsas) ou, usando um termo mais apropriado e elegante, 'costume jewelry', como definem os ingleses.

É fascinante que uma mulher poderosa e influente como ela, com livre acesso ao mercado de luxo, tenha um fraco pelas bijoux fantaisie. Eu a entendo perfeitamente, a joia não precisa ser verdadeira para ser bonita.

Lourdes encarnou todo o glamour dos anos 50 e 60 circulando, sempre muito bem acompanhada, pelos mais exclusivos círculos sociais de Rio, Paris e Nova York, vestida pelos melhores estilistas da época. As joias nem sempre eram dela. Van Cleef costumava emprestar-lhe diamantes maravilhosos para desfilar nos melhores bailes da cidade.

A paixão pelos fakes começou em Nova York, quando Lourdes encontrou Kenneth J. Lane, o pioneiro da bijuteria de luxo.

Para quem sempre gostou de joia grande, o universo dos falsos é uma parada obrigatória. Seria impossível ter as joias verdadeiras no mesmo tamanho, por causa do custo e do peso excessivo. E, às vezes, as cópias são até mais perfeitas que as originais. No coquetel de um famoso joalheiro inglês, Lourdes usou um colar em estilo etrusco, uma cópia de Bulgari feita pelo talentoso Ciner. Uma pessoa a parou na festa dizendo ser uma pena que Bulgari não fizesse mais peças tão bonitas como aquele colar.

Em outra ocasião, um sócio de Kenneth quis copiar os brincos que ela usava, uma cópia da pantera do Cartier, o que mostra como é difícil detectar um falso

"O que conta não são os quilates, mas o efeito"
Coco Chanel

perfeito, até para quem é do ramo. Em vez dos brincos, Lourdes deu outra joia para Kenneth copiar: uma maravilhosa pulseira de Jaipur, presente de Ali Khan, filho do famoso sultão Aga Khan III, que, a cada aniversário de reinado, era homenageado pelo povo com uma quantidade de ouro, diamantes e platina equivalente ao próprio peso.

Falando em joia de peso, Lourdes diz que se pudesse comprar tudo em um único lugar, seria no Harry Winston, rodeada por brilhantes incríveis. Mas ela avisa logo que o desejo é alimentado pelo tamanho: não adianta ter um tico-tico verdadeiro se é preciso uma lupa para vê-lo. Entres suas centenas de joias, reconheço meu colar Indio, feito para a Eco 92, e Lourdes, sorrindo, me diz que o guarda com o mesmo carinho reservado às maravilhas de Jaipur.

COLEÇÕES AO REDOR DO MUNDO

COROA INGLESA

As joias da Coroa Inglesa – além de fonte inspiradora inesgotável para roteiros sobre ladrões cavalheiros e agentes secretos em smokings impecáveis – são provavelmente a coleção mais conhecida e visitada do mundo. O que precisa ser espalhado aos quatro ventos é que uma das peças mais cobiçadas da coleção, um conjunto de águas-marinhas chamado Parure do Brasil, foi o generoso presente de casamento do povo brasileiro para Elizabeth II em 1953.

CALLAS

Divina é a coleção de joias, tanto de cena quanto pessoais, e dos figurinos usados pela famosa cantora lírica Maria Callas. Entre as joias se destacam o diadema de pérolas e pedras verdes usado no palco do 'Trovatore' e o deslumbrante colar e diadema Caramba, de metal dourado e pedras coloridas, que transformaram a divina na princesa etíope Aída.

O colecionador da memorabilia, Bruno Tosi, morreu há pouco tempo, mas as preciosidades da diva continuam a ser compartilhadas pelo mundo.

callas.it

BARBARA BERGER

Para quem ainda pensa que joias propriamente ditas são apenas aquelas que se medem em quilates, cabe uma coleção que vai mudar sua forma de olhar para as bijoux. A socialite Barbara Berger dedicou os últimos 30 anos a procurar os melhores falsos criados entre os anos 20 e 60. Chanel, Dior, Kenneth Jay Lane e Schiapparelli são alguns dos designers das 3.500 peças.

barbarabergercollection.com

AUGUSTO PANINI

Como já disse, em 1400 em Veneza, na Itália, houve uma grande produção de pérolas de vidro, chamadas Pérolas Venezianas. Os beads se tornaram rapida-

mente uma mercadoria de troca muito valiosa no Mediterrâneo e nas colônias africanas. As ricas cortes africanas – que costumavam trocar ouro por pérolas vikings, persas, indianas e balcânicas – se apaixonaram pelas artísticas pérolas venezianas.

Augusto Panini, em suas viagens por Mali, Benin, Togo e Burkina Faso, colecionou mais de 3 mil colares e milhares de pérolas soltas, entre elas uma maravilhosa 'rosetta' veneziana do tamanho de uma noz.

augustopanini.it

THEREZA COLLOR

A historiadora Thereza Collor começou sua coleção étnica aos 12 anos e não parou mais. Depois de milhares de viagens a regiões desérticas como Egito, Líbia, Tunísia, Síria e Marrocos, reúne uma coleção particular com mais de 2 mil maravilhosas peças, testemunhas da rica identidade cultural dos povos nômades do deserto.

> *"Somos o que repetidamente fazemos. A excelência, portanto, não é um efeito, mas um hábito."*
>
> Aristóteles

LOJAS COM CARA DE MUSEU

Gem Palace

A Índia é o país das joias milenares. Tudo o que se observa é coberto por uma camada de História. Infelizmente não existe um museu propriamente dito, porque a maioria das joias antigas foi leiloada. Gem Palace é a loja da lendária família Kasliwals, joalheiros de confiança dos Marajás.

palacejaipur.com

Ilias Lalaounis

No segmento das réplicas de joias antigas, Lalaounis é, provavelmente, o melhor do mundo. As coleções vão do Paleolítico ao Bizantino. Existem lojas espalhadas pelo mundo, mas a matriz em Atenas é simplesmente uma cápsula temporal de extremo bom gosto. Apaixonei-me por um copo de ouro maciço, réplica do detalhe de um alto-relevo de grande importância histórica. Fiquei fascinada com a ideia de beber em um copo idêntico ao usado pelos deuses gregos. Além da loja, aproveite para visitar o museu de joias.

lalaounis.com

Dodo.
The funny feathered
fellow who once
lived on the island
of Mauritius is back.
And now he's the symbol
of our happy collection
of 18k gold "talking charms".
Each one says something
romantic, surprising
or just a bit witty.
They're easy to collect
and hard to resist
So start a collection
for yourself or
someone special.

Jornalista, apresentadora e professora, **Lilian Pacce** domina o universo da moda como ninguém, dos bastidores até as primeiras filas dos principais eventos fashion do mundo, o seu olhar critico descobre novas tendências e incentiva talentos emergentes.

LILIAN PACCE

Qual é o papel das joias na moda em geral e para você pessoalmente?

A joia é acima de tudo uma fantasia e, como toda fantasia, traz alguma sensação de bem estar: a sensação de estar mais sedutora, mais feminina, mais poderosa, mais elegante, mais glamurosa... A joia tem o poder também de transformar um look, isto é, a mesma camisa branca ou o mesmo little black dress muda de "mood" dependendo da joia que o acompanha. O mais interessante é que a joia é um bem duradouro, talvez eterno, e, mesmo assim, é a melhor companhia para a moda efêmera, volátil. É o hi-low autêntico: joia e jeans, por exemplo. Quer mix melhor?

Joias ou bijouterias?

Se até pouco tempo atrás as pedras brasileiras eram consideradas semipreciosas e agora são superpreciosas, hoje também as bijoux são tão bem feitas e com materiais tão bacanas que ganham status de joia. Um bom design desperta desejo tanto no brilhante quanto no cristal.

Você tem alguma historia especial ligada a uma joia?

Eu adoro as joias que vem com simbolismos e memória afetiva: a pulseirinha e o brinco ao nascer, o colar de pérolas dos 15 anos e assim por diante. Cada momento deste tipo na minha vida e na dos meus filhos está diretamente associado a uma joia.

Como você vê o futuro da joia brasileira?

Temos materiais preciosíssimos, raros, únicos, assim como criatividade para um design de alta qualidade. Precisamos pôr a mão na massa e transformar nossos tesouros que são tão cobiçados e apreciados no mundo todo. O brasileiro consegue transformar lixo em luxo, aproveitar materiais recicláveis de maneiras inusitadas. Sabe lapidar um diamante ou transformar uma garrafa pet, e isso é um grande valor para o futuro.

colares de pet reciclado

6

Pedras Brasileiras, um luxo que é só nosso

Não há como negar que a História é escrita pelos vencedores e que algumas crenças, ao longo do tempo, viram universais e quase inquestionáveis. Poderiam ser escritos tratados sobre a necessidade de uma faxina nos livros de histórias, mas me limito a limpar o meu quintal e desmitificar o significado do termo "pedra preciosa".

> *"Não existe pedra semipreciosa, assim como não existe mulher semigrávida nem homem semi-honesto. As pedras são preciosas ou não."*
>
> Hans Stern

Os ingleses, que sempre foram comerciantes escrupulosos, cunharam a expressão *precious stone* para identificar apenas as riquezas provenientes dos seus próprios protetorados, em particular da Índia – como safiras, rubis, diamantes e esmeraldas. O termo nunca se estendeu a outros tipos de pedras.

Essas outras continuam até hoje relegadas à segunda divisão, as semipreciosas, vítimas mais das coordenadas geográficas que da efetiva falta de preciosidade. Teoricamente, todas as pedras deveriam ser consideradas preciosas, algumas com valores inferiores a outras porque são disponíveis em quantidades maiores.

CURIOSIDADE

O quilate é a unidade de peso utilizada para pedras de cor lapidadas ou diamantes brutos e lapidados. Este termo, de origem grega, possui a abreviatura ct (derivada do inglês carat) e corresponde ao quinto do grama
(1 ct = 0,20 g).
Aplicado ao ouro, o quilate
(em inglês karat, abreviatura kt)
representa uma medida de pureza do metal, não de massa.

BRASIL, A MINA DO MUNDO

O Brasil sempre foi um poço extrativo de inestimável valor. Desde épocas pré-globalizadas, os recursos de um país determinavam o progresso de outros. Provavelmente a revolução industrial não teria tido sotaque inglês sem a insistente injeção de ouro brasileiro com o objetivo de quitar as dívidas da coroa portuguesa. Nem o PIB chinês dispararia feito foguete sem as toneladas de minério que saem diariamente dos portos brasileiros.

Modéstia à parte, o Brasil é a mina do mundo. Em termos de quantidade e variedade, não existe concorrente digno de atenção. Basta folhear qualquer livro ou revista que trate de gemas e contar quantas vezes a palavra Brasil é repetida. Estamos em tudo e em quantidades industriais. As únicas pedras que nunca foram encontradas em solo brasileiro são safira e rubi, mas temos rubelita que, apesar de não possuir uma cor tão intensa quanto a do rubi, pelo menos não corre o risco de ser falsa... As minas de rubi estao se esgotando há muito tempo: evite comprar gato por lebre, confie somente no mercado vintage.

RIQUEZAS POR ACASO

A exploração mineral no Brasil começou em 1554, quando uma expedição de bandeirantes guiada por Francisco Espinosa achou em Minas Gerais uma "espécie cilíndrica de esmeralda brasileira" que mais tarde seria identificada como turmalina. Um prenúncio de como tantos tesouros escondidos seriam encontrados de forma quase casual. O ouro foi descoberto por erro na busca de esmeralda. Uma grande lavra de diamantes surgiu do nada em 1723, destronando a Índia do monopólio dos preciosos e transformando o Brasil no novo eldorado. Conta-se que entre 1740 e 1810 foram produzidos três milhões de quilates em pedras preciosas.

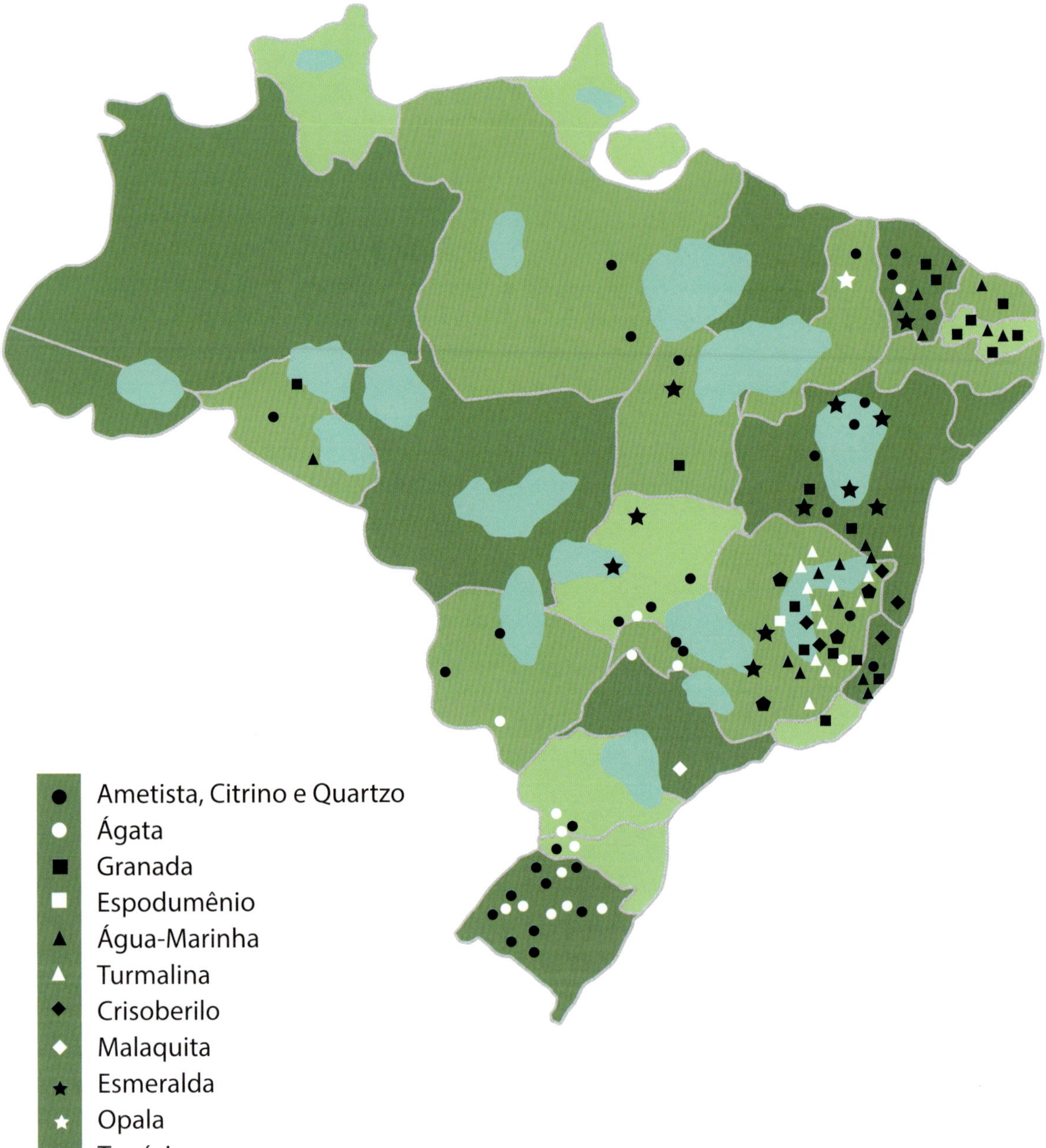
Ametista, Citrino e Quartzo
Ágata
Granada
Espodumênio
Água-Marinha
Turmalina
Crisoberilo
Malaquita
Esmeralda
Opala
Topázio
Áreas de Diamante

TERESA CRISTINA, BRASILEIRA DA GEMA

O mais antigo relato de uma pedra brasileira que cruzou o Atlântico é um maravilhoso topázio imperial que chegou à Europa em 1600 e ainda pode ser admirado no Museu de Dresden, na Alemanha, cofre de uma das mais importantes coleções de pedras preciosas do mundo.

Mas a primeira garota-propaganda das preciosidades brasileiras foi a princesa napolitana Teresa Cristina di Borbone, futura mulher de Dom Pedro II. O namoro à distância era feito de cartas formais e presentes de inestimável valor, como as numerosas parures de joias que ela recebeu do noivo imperador e desfilava com imenso orgulho no Teatro San Carlo, em Nápoles. As pedras coloridas ainda eram desconhecidas da nobreza italiana, que nunca tinha visto ametista, esmeralda ou água-marinha. Era como namorar um astronauta e carregar um anel de asteroide.

RETRATO RETOCADO

Para conquistar o amado, Teresa Cristina enviou um retrato generosamente retocado, em que aparecia bem mais bonita que na realidade. O desespero do imperador foi tanto que, quando a viu descer do navio, baixa, gorda e claudicante, pensou em anular o casamento antes de consumá-lo. Mas, como dizem os franceses, "les jeux sont faits", os jogos são feitos, a união continuou por quase 50 anos, até ambos morrerem exilados.

Bonita ou feia, uma coisa é certa: ela abriu as portas da aristocracia europeia para as gemas brasileiras.

A princesa Teresa Cristina posa, ainda em Nápoles, com um pingente que traz o retrato do noivo, Dom Pedro II.

ESPELHO, ESPELHO MEU: QUE PEDRA SOU EU?

É sabido que as propriedades das pedras vão além da beleza. Por isso, quando casei e vim morar no Brasil, uma amiga da minha mãe me deu uma pedra preta como repelente para picada de cobra. Nos primeiros anos, quando ia fazer caminhadas, sempre carregava comigo. Até quebrada ela me prometeu que continuaria a funcionar... Pelo menos como placebo.
Ter uma pedra perto do corpo é uma sensação muito agradável. Ter muitas é melhor ainda, por isso estou sempre cercada de pedras. As pedras têm vibrações muito fortes. As baterias de quartzo são um exemplo desta carga natural e podem até explicar a extravagância da nossa classe política, sentada sobre uma enorme jazida de quartzo e ligada na tomada do Planalto Central.

"Minha mãe diz que, recém-nascida, demorei oito dias para abrir os olhos. E que, quando finalmente acordei, a primeira coisa que eu vi foi o anel de noivado dela"

Liz Taylor

APAIXONADO POR PEDRAS

Quando se fala em "pedras brasileiras", um nome ecoa na minha cabeça: o gemólogo **Walter Leite**, grande estudioso e amante das preciosidades. A paixão por gemas surgiu ainda na infância, quando começou a trabalhar na ourivesaria do pai, e continua por várias gerações: filhos e neto também são consultores e avaliadores de preciosos. Walter é um antropólogo das gemas. Além de catalogar e avaliar, ele procura as histórias escondidas em cada pedra.

Nos últimos 45 anos, Walter colecionou quase 400 turmalinas, todas de cores diferentes. Entre as raridades destaca-se uma hipnótica pedra azul neon. "É a Paraíba, minha preferida", orgulha-se o gemólogo. A cor é de tirar o fôlego.

"Se você olhar uma pedra no microscópio, você vê as inclusões. Elas podem até diminuir o valor comercial, mas aumentam o interesse cientifico", descreve Walter Leite, referindo-se à água-marinha chamada Apollo VI, cujas inclusões lembram uma cápsula interplanetária voando no espaço.

Cursos de introdução e classificação de gemas

realgemslab.com.br

ESMERALDA

O fascínio que a esmeralda exerce sobre as pessoas data de mais de 4 mil anos. O hipnotismo da cor verde intensa e suas propriedades curativas fazem desta pedra uma aliada para espantar os pequenos estresses. O Brasil é hoje o maior produtor do mundo de esmeraldas, graças às grandes jazidas encontradas na Bahia e no Piauí. Em 2001, na Serra da Carnaíba, em pleno sertão, foi achada uma esmeralda de 380 kg avaliada em 370 milhões de dólares.

ÁGUA-MARINHA

É a pedra que melhor representa o Brasil, por ser da cor do mar e porque o país é o maior produtor mundial, com jazidas em Minas Gerais, Paraíba, Espírito Santo, Rio Grande do Norte e Bahia. É o símbolo da felicidade e da juventude eterna. Acredita-se que proteja os viajantes. É considerada a pedra dos videntes e místicos. Em 1955, próximo à cidade de Teófilo Otoni, em Minas, foi encontrado um exemplar de 339,28 kg de uma beleza tão deslumbrante que recebeu o nome de Martha Rocha, em homenagem à Miss Brasil daquela época.

RUBELITA

Apresenta coloração entre o rosa e o vermelho. As pedras de cores mais vivas e com poucas inclusões, que lembram o rubi, são as mais desejadas e por isso as mais

valiosas. A cor alegre traz entusiasmo e vitalidade. As jazidas mais importantes de rubelita são encontradas no Brasil (Minas Gerais e Bahia), no Sri Lanka e em Madagascar.

AMETISTA

É uma variedade de quartzo de cor violeta. Seu valor é proporcional à intensidade da cor e à regularidade da pedra. Há séculos usada por reis e bispos. Desde a época romana é considerada a pedra que cura a embriaguez – depois de duas caipirinhas, porém, não aconselho carregar uma ametista e sair dirigindo. As gemas de melhor qualidade vêm principalmente do Rio Grande do Sul, Pará, Minas Gerais, Bahia, Goiás, Piauí e Rondônia.

TOPÁZIO

O lindo nome é resultado de um mal-entendido. Topazos era o nome grego da ilha de Zabargad, no Mar Vermelho. Passou a denominar, erradamente, as gemas locais, que na verdade eram peridotos. A pedra pode ser incolor, amarela, rosa ou azul. O mais famoso topázio é uma gema de 1.680 quilates, o Diamante de Bragança, orgulho da Coroa Portuguesa e que, devido a sua cor neutra, foi originariamente confundido com diamante. O topázio é uma pedra calmante, que ajuda a conter os excessos de ira e afasta a melancolia. No Brasil, é extraído no nordeste de Minas Gerais e no Espírito Santo. Encontram-se jazidas em países como Rússia, Japão, México e Estados Unidos.

TOPÁZIO IMPERIAL

É uma gema que apresenta uma ampla gama de cores, indo do amarelo-alaranjado ao laranja-pêssego, do rosa ao vermelho-cereja (conhecido como "sherry-red" e considerado o mais valioso). O nome Imperial homenageia Dom Pedro I, que se apaixonou por essa maravilhosa pedra durante uma visita à antiga Vila Rica, hoje Ouro Preto, onde fica a maior mina do mundo.

QUARTZO

Devido a seu magnetismo, é considerado um eficiente equilibrador das polaridades masculinas e femininas. Exibe diferentes cores: incolor (cristal de rocha), violeta (ametista), amarelo (citrino), rosa, verde, azul, cinza e vermelho. Os meus quartzos preferidos são o rutilado, com agulhas douradas no seu interior, e o turmalinado, com inclusões de turmalina preta. Além do Brasil, Madagascar também possui grandes quantidades de cristais de quartzo.

TURMALINA

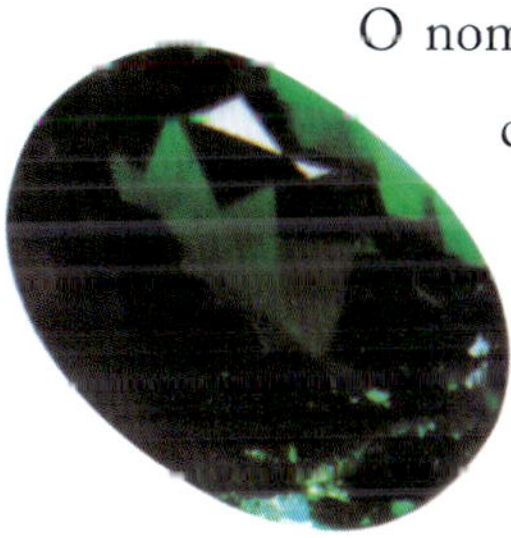

O nome vem da palavra turamali, do cingalês para pedra que atrai a cinza, uma referência às suas propriedades piroeléctricas (produz eletricidade estática ao ser aquecida). A turmalina desperta muito interesse pela variação de sua cor. Há gemas bicolores, tricolores e multicoloridas. O valor é proporcional à transparência da pedra. Existe um amplo espectro de cores. As mais

procuradas são a verde escura-rósea e a verde-azulada clara transparente. Atualmente o Brasil é a maior fonte de turmalina no mundo, e sua produção se concentra principalmente em Minas Gerais, no Rio Grande do Sul e na Bahia.

DENDRITO 💎

É um tipo de quartzo com cristalizações naturais de óxido de manganês e ferro que, dependendo das inclusões, lembram miniaturas de paisagens marinhas, florestas encantadas e até cabeças de animais. No Brasil, é encontrado principalmente em Minas Gerais.

ALEXANDRITA 💎💎

Já foi uma das minhas pedras preferidas, mas saiu um pouco de moda. O nome dela seria uma homenagem a Alexandre II, Czar da Rússia. A particularidade dessa pedra é a mudança de cor: sob luz natural é verde azulada, na luz artificial fica avermelhada. No Brasil é encontrada em Minas Gerais, na Bahia e em Goiás.

PIRITA 💎

Apesar de ser conhecida como ouro-dos-tolos, pela semelhança com o metal precioso, acho essa pedra interessante pelo formato (em cubinhos naturais), pelo brilho metálico e, dizem, por ter a propriedade de atrair dinheiro. No Brasil, é encontrada especialmente em Minas Gerais e Mato Grosso.

AMAZONITA

Não deixe o nome levar você pelo caminho errado. Essa pedra carrega um antigo equívoco sobre a procedência das primeiras pedras levadas da América para a Europa. Já naquela época se acreditava que nosso país era apenas uma enorme extensão de mata. A cor da amazonita se assemelha à da turquesa e do jade e é indicada para favorecer o equilíbrio mental e ampliar o poder do pensamento. No Brasil, é encontrada principalmente no Rio Grande do Sul e em Minas Gerais.

ÁGATA

Parece carregar um nome de mulher mas, na verdade, refere-se ao antigo nome grego (Achates) do rio Dirillo, localizado no sul da Sicília e fonte dos primeiros depósitos de ágata. Considerada uma pedra capaz de proporcionar força e coragem. As cores são variadas e dispostas em faixas paralelas, retas ou concêntricas. O tom mais comum é cinza e cinza azulado. O Brasil é o maior produtor mundial de ágata e suas jazidas localizam-se principalmente no Rio Grande do Sul.

MALAQUITA

O nome é de origem grega, mas os historiadores ainda não chegaram a uma conclusão satisfatória sobre o significado da palavra. O certo é que a malaquita carrega um passado nobre: era a pedra escolhida para adornar os faraós. As joias

encontradas no túmulo de Tutancâmon são a prova dessa antiga aliança. É considerada a pedra da transformação e um antídoto contra a falta de ânimo. Sua característica mais marcante é a cor verde com veias pretas. No Brasil pode ser encontrada no Pará e no Paraná.

PERIDOTO

É também chamado de Olivina ou Crisólito. Veio da lendária ilha vulcânica de Zebirget, no Mar Vermelho, e através das Cruzadas se espalhou pela Europa. O nome vem do grego Peridona, que significa energia uniforme. Desde os tempos de Moisés, que se protegia dos inimigos com um peridoto incrustado no escudo, é considerada uma pedra eficaz contra os maus espíritos e feitiços. A gema é geralmente verde e pode apresentar traços amarelados. No Brasil se encontra principalmente em Pernambuco e Minas Gerais.

DRUSA

É o coração do geodo de ágata e se caracteriza pelas pontas irregulares. A natureza já fez uma lapidação perfeita, cabe a um bom joalheiro saber extraí-lo e colocar no metal.

GRANADA

Frequentemente é confundida com o rubi, por causa do vermelho intenso. Mas as granadas podem ter qualquer coloração, exceto o azul. Simboliza fidelidade, coragem e energia. No Brasil se encontra em abundância em Minas Gerais, além de jazidas menores no Espírito Santo, Pernambuco, Bahia e Rio Grande do Norte.

"Um milionário deve sempre viver um pouco além de suas posses para manter a credibilidade."

Aristóteles Onassis

TURMALINA PARAÍBA

Destaca-se pela cor azul neon e pelo altíssimo valor. Está entre as dez gemas mais caras do mundo. Foi batizada de Paraíba em homenagem ao estado onde, em 1989, foi descoberta uma grande jazida. Atualmente, as únicas minas ainda em funcionamento estão na Nigéria e em Moçambique e a pedra passou ser chamada de Turmalina Paraíba Africana.

DIAMANTE 💎💎💎💎

Os gregos antigos pensavam que os diamantes fossem pedaços de estrelas caídos do céu. O nome deriva do grego 'adamas', invencível. Os vencedores sempre carregavam um talismã de diamante.

A Índia é o berço desta preciosidade, de lá foram extraídosos primeiros. O diamanteé considerado a pedra meditativa e purificadora por excelência. O mercado milionário movimentado pelos diamantes esgotou rapidamente as jazidas ao redor do mundo, em um passado relativamente recente (século 18 e 19). O Brasil foi o maior produtor mundial de diamantes, mas atualmente África e Rússia detêm a liderança. Por séculos a cidade de Antuérpia, na Bélgica, controlou o monopólio do complicado processo de lapidação do diamante, até que a desconhecida Surat, na Índia, passou a concentrar 80% do corte mundial de diamantes, seguida por Tel-Aviv e Nova York.

PEPITA DE OURO 💎💎

Apesar de não ser uma pedra, mas um metal, a pepita de ouro não pode faltar em uma lista de raridades. Emociona-me pelo formato natural e pelo simbolismo que carrega: a esperança, o desejo, a sorte.

"Palavra é prata, silêncio é ouro"

Proverbio chinês

VIAGEM AO CENTRO DA TERRA

A primeira vez em que vi uma mina foi com meu pai, na África do Sul, quando eu tinha apenas 11 anos. O minério era transportado sobre esteiras rolantes adesivas, irrigadas por jatos de água. As sobras caíam e somente os diamantes continuavam grudados. Essa imagem continua a me fascinar até hoje.

É uma sensação visceral descer às profundezas da terra. Como se o percurso não fosse somente no espaço, mas também no tempo. Devido ao silêncio, à luz limitada e o peso impalpável do mundo lá em cima, o garimpeiro ancestral acorda e, até em uma mina em desuso, você continua procurando um brilho, uma fenda, um sinal qualquer de vida.

Para quem não sofre de claustrofobia, aconselho visitar a mina de ouro de Passagem, perto de Mariana, em Minas Gerais. É uma das maiores do mundo e pode ser explorada através de um carrinho que percorre 315 metros de trilhos, até chegar a 120 metros de profundidade. Ao longo da descida, observam-se grandes salões, túneis e lagos de águas cristalinas. Nos mais de dois séculos de funcionamento, foram retiradas do local 35 toneladas de ouro.

minasdapassagem.com.br

7

Ontem, Hoje, Amanhã

'Ontem, hoje e amanhã' – além de ser o título de um filme cult dos anos 60 que está entre os meus preferidos, porque trouxe Sophia Loren até minha casa em Nápoles (foi nossa hóspede durante as filmagens) – descreve uma análise necessária para entender qualquer movimento artístico.

Não podemos falar em joias sem observar a evolução delas e a própria trajetória da criação: inspirar-se no passado, adaptá-lo às tendências atuais e modelar o futuro. É o ontem que influencia o hoje e define o amanhã.

> *"Se queres prever o futuro, estuda o passado."*
> Confúcio

Beatrix Ost

ONTEM

Não existe nada mais charmoso que uma mulher sem medo da própria idade. Envelhecer naturalmente sem cair na ilusão da eterna juventude é um luxo raro. Nenhum cirurgião conseguiu ainda modelar as rugas de expressão como argila. Ao gênio da lâmpada, em vez de pedir a juventude de volta, aconselho navegar no blog AdvancedStyle (*advancedstyle.blogspot.com.br*) e descobrir que o próprio estilo se alcança somente na velhice, porque demora uma vida para construí-lo.

O QUE É VINTAGE

É uma peça comprada um tempo atrás pela primeira vez, da qual o proprietário por algum motivo se desfez e que agora voltou ao mercado. Atenção, não pode ser confundida com qualquer peça usada ou com uma antiguidade.

O vintage abrange o século passado. O que foi feito antes dos 1900 é considerado antigo e é comprado mais para decoração que para uso. Uma joia antiga, para ser usada, precisa ser desmontada e repensada. A vintage, ao contrário, está pronta. No passado, as joias eram para poucos, somente ricos e aristocratas tinham acesso. Atualmente, com a distribuição mais democrática das bijoux, aquelas joias imensas não têm mais sentido, somente famílias reais e marajás indianos continuam a usá-las.

O universo vintage não se estende só às joias: roupas, sapatos, acessórios, carros, barcos, tudo o que foi obra de artesãos talentosos e não de uma linha de montagem industrial pode, potencialmente, ser classificado como vintage.

POR QUE COMPRAR VINTAGE

Uma joia vintage tem detalhes que uma joia atual às vezes não tem. Geralmente as pedras,nas joias vintage, não são artificialmentecoloridas, até porque na época de criação nem existia a técnica. Podem ter certeza que uma joia vintage azul clara dos anos 40 e 50 é uma verdadeira água-marinha, não algo falsificado no outro lado do mundo. Existem exceções: nos anos 70, a designer Marina B inventou uma cor azul que não existia na natureza, um quartzo bombardeado chamado quartzo russo. Suas joias, consideradas vintage agora, levam pedras que não são 100% naturais, mas ninguém tinha feito este processo de tingimento antes dela.

As joias vintage são únicas, não eram feitas para agradar a muitas pessoas. O joalheiro escutava os desejos da cliente, criava a peça e o resultado são obras engenhosas.

As joias vintage são lúdicas. As de Marina B, por exemplo, têm encaixes e um parafusinho era até vendido junto com as joias para desmontá-las. O mesmo brinco podia ser curto, médio ou grande.

As joias vintage carregam uma história, esse é um valor agregado enorme.

As joias vintage têm bom custo/benefício no mercado, porque você

> *"Moda passa; estilo é eterno"*
>
> Coco Chanel

encontra pedras enormes e verdadeiras que, se fossem vendidas em uma joia atual, custariam o dobro do preço. O que precisa ser feito depois da compra é um polimento. Entregue a peça a um joalheiro de confiança e em menos de uma hora terá a sua joia vintage pronta para ser usada.

penca Carlos Rodeiro

LEMBRANÇA DE CASAMENTO

Uma amiga minha, de Chipre, me contou de um casamento no qual ela foi dama de honra, ainda criança, em Londres. O casamento era muito formal, cheio de convidados e regras de etiquetas. Ela ficou muito nervosa quando descobriu que, devido a um imprevisto, as outras daminhas não iam aparecer e ela teria que acompanhar sozinha os noivos durante a cerimônia. No fim do dia, em agradecimento, recebeu um maravilhoso pingente de ouro feito com uma moeda antiga, um Gold Sovereign datado de 1891. Até hoje ela carrega essa joia com orgulho porque, além de ser bonita, tem uma história para contar.

Há pouco tempo, eu tinha alguns fios de pérolas naturais para trabalhar. Eram dois fios longos e um curto. Quando comecei a mexer neles, percebi que o fecho era, na realidade, uma barra com mais dois fechos encaixados. Simplesmente genial: mais de cem anos atrás alguém já tinha pensado em joias componíveis. O colar podia ser usado inteiro ou dividido em peças menores, mais discretas. Sem contar que a preciosidade podia ser dividida entre os herdeiros sem destruir a joia.

AS CINCO REGRAS DE OURO DO VINTAGE

• Escolha a joia porque você realmente gosta dela, não simplesmente porque ela é vintage.

• Compre somente em joalherias de confiança.

• A assinatura é muito importante nos produtos vintage. Priorize uma joia que tenha o nome do criador.

• Avalie bem a joia. Tenha certeza de que é ouro, não liga.

• Confira a qualidade da peça. Principalmente as garras devem estar em ótimo estado.

Ganhei um anel de água-marinha adorável e, em uma viagem a Colônia, na Alemanha, a pedra se soltou... A sorte foi ter caído dentro do bolso do paletó, se não eu a teria perdida. O anel foi direto para o joalheiro, que refez as garras, mas garras novas em uma joia vintage descaracterizam a peça. Melhor que a joia esteja em bom estado no momento da compra.

anel Buccellati

JOIAS QUE VIAJAM NO TEMPO

Provavelmente pelo meu trabalho, que me rodeia de joias, minha família não vê graça em entupir-me de preciosidades dos antepassados. Eu mesma não quis usar um diadema que aparecia em todas as fotos de casamentos da minha família, desde minha bisavó até minha mãe (no lugar eu vesti uma coroa de flores tropicais), porque era muito démodé para o meu gosto. É curioso notar como o uso do diadema mudou ao longo do tempo. Acredito que ninguém vai saber valorizá-lo melhor que minha mãe, que parece ter saído de um conto de fadas.

A mesma tiara usada pela minha bisavó e pela minha mãe

PERDAS E GANHOS

Minha mãe tinha joias maravilhosas e, como todas as mulheres, era um pouco receosa de emprestá-las, especialmente para uma filha descontraída e solta como eu durante a minha juventude. Lembro de uma vez em que a venci pelo cansaço. Tinha que participar de um baile glamouroso no Clube Harmonia e ela me emprestou um broche de prata e diamantes. Eram os anos 50 e eu tinha acabado de ingressar no mundo adulto: dancei a noite toda e, obviamente, voltei para casa sem o broche. Apesar desse incidente, que me foi perdoado depois de muito tempo, herdei dela um pequeno anel que só cabe no meu dedo mínimo, um lindo catalizador de memórias. Nem preciso dizer que, sem ele, me sinto completamente nua.

Costanza Pascolato

ONDE COMPRAR VINTAGE

Vintage pode ser comprado em leilões ou lojas especializadas. Comprar em leilões não faz muito meu estilo. Sou uma compradora de impulso: quando vejo alguma coisa que me captura, eu a quero na hora, não consigo aguardar até a data de um leilão. Mas é bom saber que a Sotheby's é um reduto incrível de joias vintage.

Os Estados Unidos são o maior distribuidor de joias vintage. Há uma importante feira anual de negócios em Miami, onde os estoquistas do mundo inteiro se reúnem para abastecer suas lojas.

Nova York

FRED LEIGHTON

É a Meca do vintage. O tempo para ao entrarmos nesta loja. Passei horas hipnotizada pelos movimentos de alguns broches de diamantes que remetem a galhos de flores. Só os preços me colocaram de novo em contato com a realidade.

fredleighton.com

L'ETOILE ROYALE

Butique de alto luxo especializada em joias vintage e antigas. A coleção nos leva aos quatro cantos do mundo: colares de esmeraldas colombianas de 120 quilates, conjuntos de rubi da Birmânia, relógios Fabergé e Cartier na sua melhor fase art déco.

letoileroyale.com

A LA VIELLE RUSSIE

O nome já revela parte da história da loja, aberta inicialmente em Kiev por uma importante família russa, transferida para Paris durante a Revolução Russa e instalada de vez em Nova York antes da Segunda Guerra Mundial. Especializada em joias antigas europeias e americanas, provavelmente um dos melhores lugares do mundo para começar uma coleção de ovos Fabergé.

alvr.com

Palm Beach

HOUSE OF LAVANDE

Uma verdadeira loja-conceito de bijoux vintage, com raridades garimpadas nos mercados de pulgas de Paris e Londres e no acervo de colecionadores selecionados.

houseoflavande.com

Turim

MONTICONE

Requintada boutique de joias vintage. Especializada em peças déco e americanas dos anos 50 e 60, entre elas as criações do famoso designer David Webb, muito querido de Jacqueline Kennedy.

monticone.com

Milão

PENNISI

Representa o vintage levado a serio. Não é incomum esbarrar em divas à procura de raridades. Em suas passagens por Milão durante a semana da moda, a modelo Kate Moss sempre inclui uma visita à famosa joalheria.

gioielleriapennisi.it

HOJE

O universo das joias está mudando rapidamente. Seja pela influência de estilistas que estão entrando com força no mercado de bijoux (Prada, Dolce&Gabbana, MiuMiu e Gucci, para citar alguns), seja pelos efeitos da revolução digital, que aproxima virtualmente culturas e tendências geograficamente distantes em tempo real.

A internet é tão dinâmica que desisti logo da ideia de dedicar um capítulo às compras online, não por falta de interesse no assunto, mas por medo de que as informações e dicas ficassem ultrapassadas antes mesmo de o livro ser publicado. Afinal, não posso atualizar o conteúdo em um clique.

"Sempre fique com a sua primeira escolha, a mais instintiva. Ela é a escolha da sua alma."

Manolo Blahnik

Designers atuais

Existe um seleto número de designers, brasileiros ou não, que se destacam por trazer novos conceitos dentro dos bastidores das joias.

Não tenho a pretensão de fazer aqui um guia completo de todos os bons designers brasileiros, apenas uma breve lista daqueles de que eu mais gosto. Com certeza há muitos outros bons que ainda não conheci. Está aí um bom motivo para prepararmos uma próxima edição do livro!

NO BRASIL

Ana Rocha & Appolinario

Criações super sofisticadas, verdadeiras joias dos sonhos.

anarochaeappolinario.com

Ara Vartanian e Jack Vartanian

Joias de estilo sexy, com pedras superpoderosas.

ara.com.br

jackvartanian.com

Carlos Rodeiro

Designer criativo e talentoso que colocou a Bahia no mapa das joias de luxo.

portaldorodeiro.com.br

Carla Amorim

Uma designer simplesmente perfeita.

carlaamorim.com.br

Guerreiro

Faz joias fortes, de design masculino.

guerreiro.com

Hector Albertazzi

Bijoux para estar sempre na moda.

hectoralbertazzi.com.br

Izabel Esteves

Puro glamour.

Maurício Monteiro

Poder em forma de joia.

mauriciomonteirojoias.com.br

Miriam Kimelblat

Uma ourivesaria delicada e ultrachique. Os anéis de flores e as pulseiras de bichos são elegantérrimos.

miriamkimelblat.com

Mônica Pondé

Criações artesanais super diferentes.

monicaponde.com.br

Silvia Furmanovich

Ourivesaria de alto quilate com criações que carregam mundos distantes.

silviafurmanovich.com.br

Sobral

Divertido e fortemente brasileiro, levou a colorida identidade carioca além das fronteiras.

rsobral.com.br

Yara Figueiredo

Joias com DNA muito forte, devido à exuberância da designer e à escolha dos materiais. Pedras lapidadas ou brutas se misturam a brilhantes, pérolas, osso e sândalo.

yarafigueiredo.com

LÁ FORA

Alexis Bittar

Garoto prodígio das joias, tem uma história emocionante. Ele começou vendendo suas criações nas calçadas do Brooklyn, em Nova York, e agora é referência de bijoux nos Estados Unidos. A marca registrada de Bittar é um material chamado Lucite, um tipo de plástico mais transparente que o vidro.

alexisbittar.com

John Hardy

Inspirado pela beleza da ilha de Bali, é um dos poucos designers de luxo a aventurar-se no complexo universo de joias masculinas e infantis. Não é preciso viajar até Jacarta para admirar o trabalho dele: suas peças encontram-se nos mais badalados pontos de Nova York e Londres, como Bloomingdale's e Harrod's.

johnhardy.com

David Yurman

O trabalho de escultor é ainda bem visível nas criações deste talentoso designer que, sem ironia alguma, podemos definir como o Michelangelo das joias.

davidyurman.com

ÀS COMPRAS

Existem alguns lugares no mundo que transformam a arte de fazer compras de joias e bijoux em uma experiência ainda mais especial. Nos Estados Unidos, o roteiro tem que passar pela Madison Avenue, em Nova York; Bal Harbour, em Miami; e Worth Avenue, em Palm Beach. Em Paris, Place Vendôme e Rue de laPaix. Na Itália, Via Montenapoleone, em Milão, e Via Condotti, em Roma, são imperdíveis. Em Londres, o bairro de Knightsbridge é o endereço. A menor e mais charmosinha loja de joias desse roteiro é a Jewel Box on Madison, uma micro boutique no melhor ponto de Nova York. Se tiver somente meio dia em Manhattan, o endereço imperdível é a Bergdorf Goodman.

AMANHÃ

Apesar de as grifes de moda jogarem pesado no mundo das joias e até conquistarem espaço, é uma invasão um pouco vazia em termos de conceito. Não se está criando uma nova vertente da joia, apenas cresce o número de pessoas que vendem. O talento criativo dos designers é posto à prova pelas leis do mercado. O exercício, no fundo, não é competir com os melhores profissionais do setor, mas fazer coisas bonitas que custem pouco para disputar com a China.

As joias do futuro vão ser desenhadas mais por estilistas que por ourives. Mas não se assustem, isso tem o seu lado positivo: vai ampliar o desafio e alimentar a criatividade de milhares de artistas que estão constantemente à procura de novos materiais, ligas, acabamentos e formas.

O mercado vai se tornar sempre mais competitivo, por isso é importante investir na formação profissional dos novos designers. Quando eu comecei a trabalhar com joias, as opções eram muito limitadas, o aprendizado era passado de uma geração para outra.

Onde estudar

Nos últimos 30 anos o panorama educativo mundial mudou bastante. Seguem algumas das melhores opções para se tornar um designer de sucesso:

Central Saint Martins

É simplesmente a mais cobiçada escola de arte e design do mundo. Formou talentos do calibre de Alexander McQueen e Stella McCartney e oferece bacharelado em design de joias.

csm.arts.ac.uk

Parsons

Inovadora e progressista desde sua criação, em 1896, proporciona uma formação com foco na criação de profissionais capazes e na cidadania responsável. O artista precisa estar antenado com os problemas de seu espaço urbano.

newschool.edu

Istituto Europeo di Design (IED)

É uma rede internacional que atua nos campos da educação e da pesquisa, nas áreas de design, moda, artes visuais e comunicação. Oferece um curso de três anos em design de joias.

iedbrasil.com.br

Senac

No Brasil, o Senac oferece cursos profissionalizantes na área.

sp.senac.br

O blog **40forever.com.br** é uma parada obrigatória para descobrir novas tendências, designers desconhecidos, dicas úteis e, em geral, uma peneira finíssima de bom gosto que separa o melhor no panorama da moda, arte, gastronomia, decoração e, obviamente, joias. Três mulheres são responsáveis pelo enorme sucesso do blog, que conta com milhares de acessos diários por todo canto do mundo: *Bebel Niemeyer*, *Maria Pia Marcondes Ferraz* e a queridíssima **Ana Cecília de Magalhães Lins Lacerda**, que quis me contar um pouco sobre uma de suas grandes paixões, as joias.

ANA CECÍLIA DE MAGALHÃES LINS LACERDA

O que você procura numa joia?

Tem muitas pessoas fazendo joias no mundo, mas algumas chamam minha atenção mais que outras. Gosto de um design surpreendente, uma cravação diferente, mais delicada, um colorido inusitado. **JAR,** por exemplo, tem tudo isso.

Como você chegou até JAR?

A figura dele é cercada de mistério, até porque não é uma pessoa fácil de encontrar. Começando pela loja, que nada mais é que uma portinha escondida na Place Vendôme, em Paris. Você entra somente se ele gosta da sua cara e se você é bem relacionada. A mãe de uma amiga minha foi uma das primeiras clientes dele, há 30 anos, e da primeira vez em que fui lá eu estava com minha tia, que já era cliente também. Isso numa época em que ele ainda não era tão conhecido e suas peças tinham preços razoáveis... Fui três vezes e posso garantir que o que se diz sobre ele é verdade: é tão talentoso quanto pouco simpático, deve ter uns 70 anos agora e gosta de atender pessoalmente todos os clientes. As pessoas passam por uma sala pequena e bastante escura, com apenas umas quatro vitrines. As joias são mostradas em outra sala com uma iluminação melhor. Ele tem um jeito próprio de apresentar as joias, devagar, mostrando poucas joias de cada vez. Para mim, que gosto de ver tudo ao mesmo tempo, foi quase uma tortura! Ele também criou alguns perfumes (caríssimos) e uma linha de brincos que lembram pétalas de rosas e folhas, com preços mais acessíveis, que podem ser comprados no *Bergdorf Goodman*, na 5ª Avenida, em Nova York.

Você se considera uma pessoa supersticiosa?

Um pouco.

Tem algumas joias que trazem sorte para você?

Não, eu não penso desse jeito. Tem pessoas que não usam opala, eu amo opala, mas também tem outras que nem falam Santos Dumont, tem maluco para tudo. Gosto de usar joias de madeira, especialmente se misturada com brilho. Adoro os acabamentos inusitados, acho tão chique. Já vi anéis de brilhantes montados na madeira, achei uma ideia ótima para poder usá-los livremente durante o dia.

Tem alguma joia que você herdou que traga uma história particular?

Minha avó, que foi uma pessoa muito importante na minha vida, usava sempre um anel de família. Eu cresci vendo aquele anel. Um dia ela foi à minha casa, tirou o anel do dedo e me deu. Vale lembrar que ela tinha 25 netos, não deve ter sido uma escolha tão simples. É o meu anel de força. Nem preciso vesti-lo: no auge da tempestade, abro a gaveta, passo o dedo no anel e volto guerreira.

Você se lembra de histórias divertidas sobre joias?

Uma é minha e outra, de uma conhecida. Vamos começar pelos outros. Essa história virou uma lenda urbana, mas aconteceu de verdade. Uma mulher foi pedida em casamento e o anel foi colocado de propósito dentro de um copo. Ela não sabia disso e ficou tão nervosa que, sem se dar conta, bebeu no copo, engoliu o anel e foi parar no hospital.

Uma vez, eu ganhei um colar terrível, horroroso, não podia acreditar que alguém tinha comprado aquilo pensando em mim. Meu namorado da época estava brincando com uma caixa de chiclete na mão e, para eu não engasgar com aquela feiura, pedi um chiclete. Quando ele abriu a caixa, o colar de verdade caiu na mesa, lindo de morrer.

Um diamante se compra ou se recebe?

Na dúvida, acho melhor comprá-lo, porque o risco de receber uma coisa de que você não goste é altíssimo. Uma conhecida minha ganhou alguns presentes do namorado que, segundo ela, eram tão horríveis que o único jeito era usar tudo ao mesmo tempo e rezar para ser assaltada.

Um dia cheguei em casa com uma caixinha e meu marido me perguntou se era para ele. Eu entreguei na mão dele e imediatamente peguei de volta, agradecendo, e expliquei que era o presente dele para mim, pelo nosso aniversário de casamento! Pelo menos desse jeito não tem risco de errar.

Ele tem alergia a joalherias! Eu gosto de ver e de aprender. Com 20 anos eu entrava no **Harry Winston** e pedia para ver tudo. Claro que não ia comprar nada, queria ver todos os brilhantes e entender a variedade. Um dia, uma vendedora que ficou minha amiga me perguntou se eu era casada. Respondi que não era e ela disse que eu teria dificuldade para casar, porque entendo muito de brilhantes e homem fica assustado com isso...

Qual foi a primeira joia que você ganhou?

Quando era pequena, aos 10 anos, ia para o colégio cheia de joias, tudo bijuteria que comprava na Feira da Providência. A ponto de a diretora do colégio proibir de usar. Era tudo falso, mas eu adorava me enfeitar. Colocava até para dormir, adorava. Minha mãe não é nada ligada em joias, nem minha irmã, eu puxei da minha tia-avó.

Alguma joia que você comprou e se arrependeu depois?

O gosto da gente evolui, muda. Então tem coisas que, quando não usamos mais, devemos tentar transformar.

Qual a sua pedra preferida?

Brilhante.

Tem manias relacionadas a joias?

Adoro anel de mindinho, acho muito delicado. A **Sara Joias** tem uma serie bem interessante, lasquinha de brilhante e até de safira rosa. Não incomoda tanto e, ao mesmo tempo, enfeita.

O que você acha que falta no universo das joias agora?

Não falta nada, só falta eu ganhar na Mega Sena para poder comprá-las.

Em que nomes devemos ficar de olho?

Adoro **Wallace Chang**, que tem um trabalho parecido com **JAR**, não no sentido de imitação, mas na audácia da criação. Outra designer que ganhou bastante espaço no meu blog é **Michelle Ong**. Dos americanos, gosto muito de **David Webb**, aquelas pulseiras de bicho são geniais, muito mais usáveis que do **Cartier**, e **Seaman Schepps,** que faz as conchas que o **Verdura** já fazia mas com uma linha diferente.

Amo joia vintage. Se for a Londres, costumo visitar **S. J. Phillips**. E não saio de Nova York sem parar no **Fred Leighton**, na *Madison Avenue:* educa o olhar!

Dos jovens talentos, tem um francês radicado em Nova York, chamado *James* **Taffin de Givenchy**, que é incrível, com um design lindo. Coloquei no meu blog o trabalho dele que mais me emocionou: um brilhante de 28 quilates preso num fio com um punhado de pérolas.

Lorraine Schwartz, que ficou famosíssima graças aos brincos e anel de esmeralda que Angelina Jolie vestiu na cerimônia do Oscar. É incrível a beleza das pedras que ela usa.

Lily Gabriella, uma brasileira radicada em Mônaco, que trabalhou na *Christie's*, especializou-se em design de joias e, até onde eu sei, é a única pessoa conhecida que recebeu um elogio do **JAR** pelas suas criações.

No Brasil, quando se fala em semibijoux, **Francesca Romana Diana** é imbatível. Muitos tentaram imitá-la, mas ela foi a primeira a trazer esse tipo

de proposta para o Brasil. Eu já vendi as joias da Francesca, logo no começo da carreira dela. Minha maior cliente era minha mãe, que nunca ia a loja nenhuma e, atrasada para algum jantar, escolhia entre as joias maravilhosas os presentes para levar.

Adoro o trabalho da **Silvia Furmanovich** e acho surpreendente o da Laja Zylberman, dona da *Sara Joias*. Reconheço seu traço de longe, ela é uma craque no trabalho que faz!

H. Stern melhorou muito. Antes ele só fazia uma montagem clássica para turistas, hoje em dia ele já não vende mais pedras, vende joias!

Alguns joalheiros como **René Boivin** e **Paul Poirret,** que já morreram, cujo trabalho aparece de vez em quando nos melhores leilões. Falando em **Boivin**, ouvi uma história incrível de uma conhecida minha. Ela comprou uma pulseira dele, que procurava há 20 anos, em um leilão da

tudo joia

Créditos das Fotos

Ana Colla - pag. 54, 86
Anderson Cabral - pag. 139
Arquivo Ana Cecília de Magalhães Lins Lacerda - pag. 196
Arquivo Augusto Panini - pag. 127, 142
Arquivo Bulgari - pag. 14, 102
Arquivo Buccellati - pag. 179
Arquivo Camila Klein - pag. 97
Arquivo Carla Amorim - pag. 190
Arquivo Carlos Rodeiro - pag. 177, 189
Arquivo Costanza Pascolato - pag. 68
Arquivo Chanel - pag. 96
Arquivo David Yurman - pag. 19, 192
Arquivo David Webb - pag. 125
Arquivo Etoile Royale - pag. 184
Arquivo FRD - pag. 7, 40, 42, 91, 92, 94, 119, 131, 183
Arquivo Fulco di Verdura - pag 8, 27, 121
Arquivo JAR - pag. 29
Arquivo John Hardy - pag. 122, 192
Arquivo Helena Montanarini - pag. 74
Arquivo House of Lavande - pag. 185
Arquivo Lily Gabriella - pag. 32, 34, 36, 37, 47, 59,65
Arquivo Miriam Kimelblat - pag. 190
Arquivo Museu Victoria & Albert - pag. 133
Arquivo Museu San Gennaro - pag. 132
Arquivo Silvia Furmanovich - pag. 191
Arquivo Sotheby's - pag. 12, 21, 28, 29, 49, 53, 62, 105, 106, 128, 156
Arquivo Tiffany's - pag. 22, 23
Arquivo Percossi Papi - pag. 25
Arquivo Pomellato - pag. 114
Arquivo Dodo - pag. 26, 145
Arquivo Pandora - pag. 27
Arquivo Yara Figueredo - pag. 191
Arquivo Washington Olivetto - pag. 78
Ary Seth Cohen - pag .174
Aurea Calcavecchia - pag. 146
Bob Wolfenson - pag. 46, 172
Camila Klein - pag .
Carol Lancelloti - pag, 44, 49, 67, 150, 202
Daniel Geller - pag. 57, 61, 80, 89, 153
Dudu Braz - pag. 82, 160
Fernando Azevedo - pag. 99
Gergo - pag. 181
Hugo Denizart - pag. 42, 43, 45, 51, 63, 135, 148
Lucas Landau - pag. 204
Marcio Madeira - pag. 52
Mauro Risch - pag. 47
Pietro Pantalani - pag. 112, 117
Rafic Farah - pag. 10, 13, 79, 149, 188, 194, 199
Rogerio Ehrlich - pag. 20
Romulo Fialdini - pag. 50
Stefano Ciafardoni - pag. 115